季節のおりがみベスト16 × 難易度別 4種類

保育のおりがみ まるごとBOOK

津留見裕子／編著

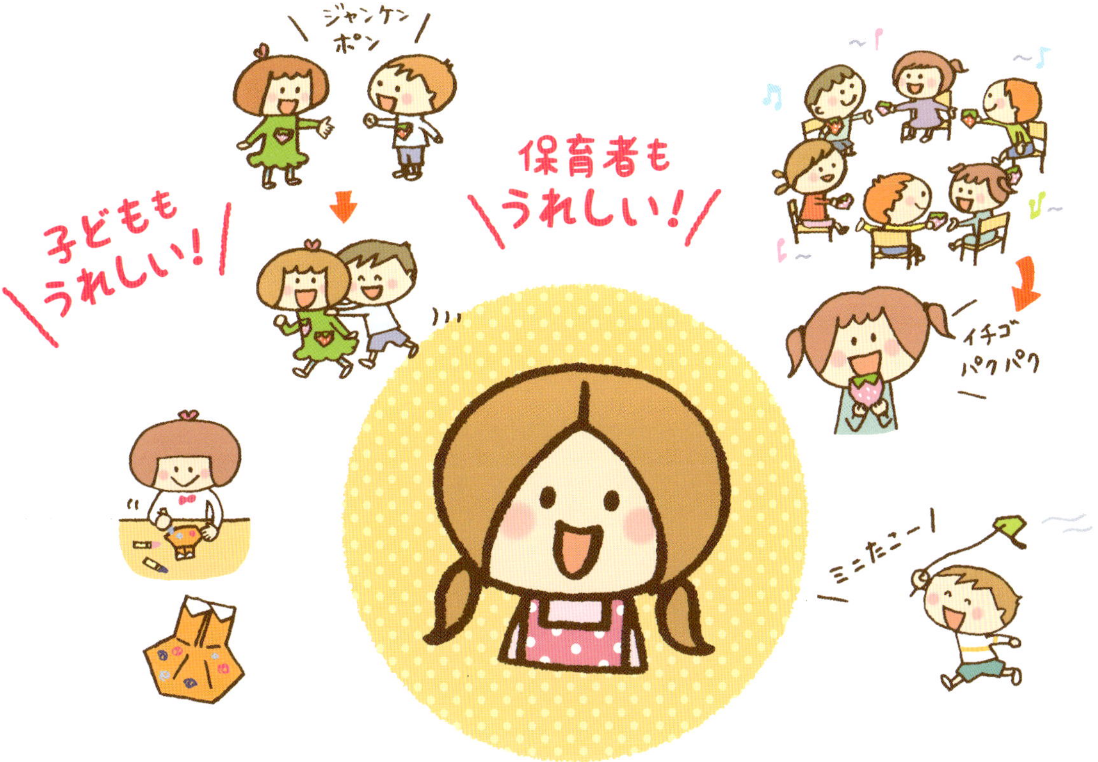

子どもも うれしい！

ジャンケンポン

保育者も うれしい！

イチゴ パクパク

ミニたこー！

ひかりのくに

この本の見方

本書は、4ページでひとまとまりの構成です。

おりたい！がいっぱい！
折り方のページ
子どもも読めるひらがな表記

折れたらうれしい！
もっと折りたい！

どれをおろうかな？

かんせいのしゃしんをみてえらぼう！
いろんないろのおりがみでおってみよう！

ほんをひろげて
ゆっくりおれるよ！
おりかたは
ひらがなで
かいてあるよ

おなじ「チューリップ」だけど
4しゅるいあるよ

やじるしのじゅんばんにすこしずつむずかしくなるよ

とてもかんたん
2〜3かいで
おれるよ

かんたん
3〜5かいで
おれるよ

ふつう
6〜11かいで
おれるよ

チャレンジ
8〜16かいで
おれるよ

おりかたのおやくそく

1 **2** のばんごうじゅんにおるよ。したのきごうとおりかたをおぼえてね。

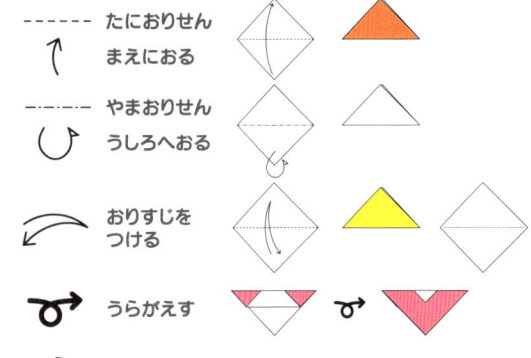

- ------ たにおりせん / まえにおる
- -・-・- やまおりせん / うしろへおる
- おりすじをつける
- うらがえす
- むきをかえる

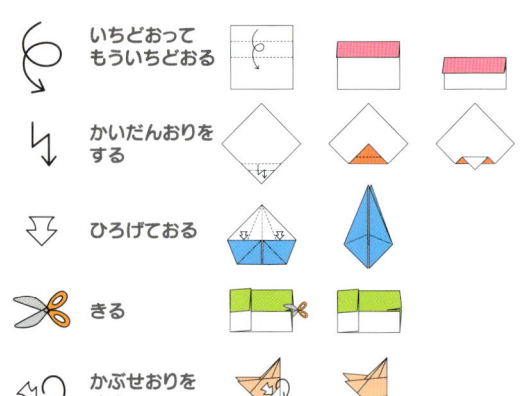

- いちどおってもういちどおる
- かいだんおりをする
- ひろげておる
- きる
- かぶせおりをする

この本の見方

折ったら遊ぼう！
遊んだら楽しい！

**楽しいがいっぱい！
遊ぼう！のページ**
保育者のお役だちがたっぷり！

みんなとおりがみで何して遊ぼうかな？

 壁面
子どもたちが折ったおりがみを壁面に飾っちゃおう！
自分が折ったおりがみがある！ということに、うれしさいっぱい！

シアター
おりがみを使ってシアターを演じてみよう！
おりがみの導入としても、出し物のネタとしても使えます。子どもたちの「おりたい！」にもつながる！

せいさく帳
子どもたちが折ったおりがみをせいさく帳にしてみよう！
導入の**ことばがけ例**も参考にして、子どもたちのイメージを広げながら楽しもう！

たくさん遊ぼう！！
折ったおりがみでもっと遊ぼう！
自分で折ったおりがみで遊ぶと楽しさが倍増！もっと折りたくなるよ！

楽しく折ろう！のヒントがいっぱい！

折り方のページには、子どもたちと楽しく折れる工夫がいっぱいです！
（左ページ参照。子どもが読めるひらがな表記にしています）

☆ 同じ「チューリップ」でも、難易度別の4種類！
 ➡ 子どもに合わせて選べる！

☆ 本を広げて置いても閉じない！
 ➡ 広げてゆっくり折れる！

☆ 折り方の文は、ひらがな表記！
 ➡ 子どもたちが読みやすい！

折るときのちょこっと工夫

☆ はじめはズレてもOK！
「きちんと折らなきゃ」と焦らず、ズレてもOK！「わぁ！ じょうずにできたね！」のひとことで達成感が！

☆ 折りたくなる環境づくりを！
保育室の、子どもがいつでも折れる場所に本書とおりがみを置いておこう！「おりたい！」が芽生えます！

☆ 印を付けてみよう！
「ここ」ではなく印を付けると説明しやすい！
まる印まで折ってね
バツ印まで折ってね

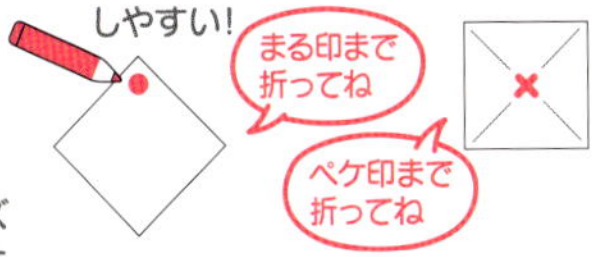

☆ 大きなおりがみで折ってみよう！
おりがみを4枚はり合わせると大きなおりがみに！保育者用の見本のおりがみに最適！

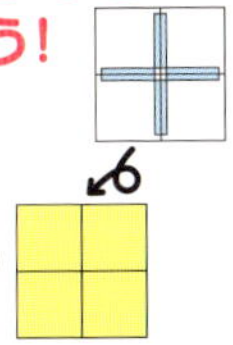

このほか、●子どもも人気の遊べるおりがみベスト7 ●型紙 も付いている！

3

 もくじ

この本の見方・・・・P2　　おりかたのおやくそく・・・・P2

楽しく折ろう！のヒントがいっぱい！・・・・P3

 季節のおりがみ

	2〜3回で折れる！とてもかんたん	3〜5回で折れる！かんたん	6〜11回で折れる！ふつう	8〜16回で折る！チャレンジ	壁面	シアター	せいさく帳	たくさん遊ぼう!!
① チューリップ	P6	P7	P6	P7	P8	P8	P9	P9
② イチゴ	P10	P11	P10	P11	P12	P12	P13	P13
③ こいのぼり	P14	P15	P14	P15	P16	P16	P17	P17
④ かぶと	P18	P19	P18	P19	P20	P20	P21	P21
⑤ アジサイ	P22	P23	P22	P23	P24	P24	P25	P25
⑥ カタツムリ	P26	P27	P26	P27	P28	P28	P29	P29
⑦ おりひめ・ひこぼし	P30	P31	P30	P31	P32	P32	P33	P33
⑧ ふね	P34	P35	P34	P35	P36	P36	P37	P37
⑨ さかな	P38	P39	P38	P39	P40	P40	P41	P41

季節のおりがみ1

チューリップ

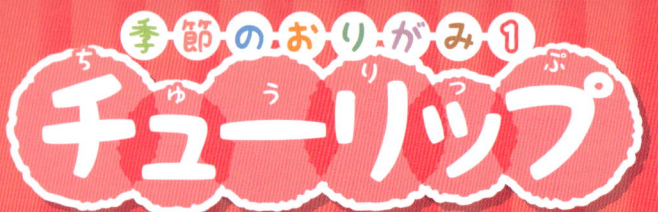

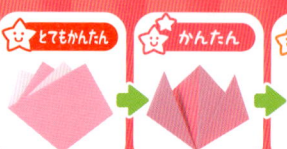

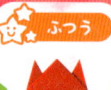

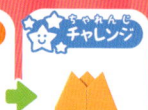

春に咲くチューリップ。たくさん咲いてきれいだね。
何色にしようかな？

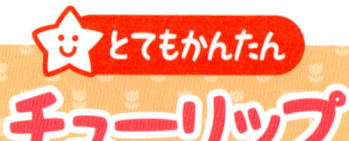

とてもかんたん チューリップ

1 しろが みえるように はんぶんにおる

2 しろが みえるように はんぶんにおる

できあがり

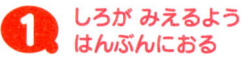

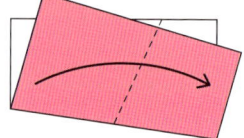

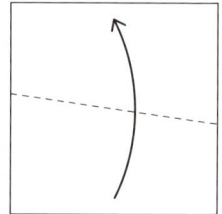

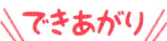

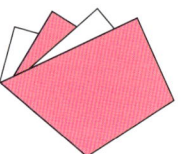

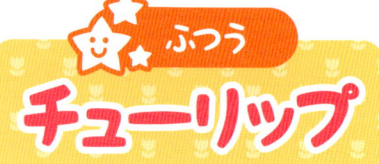

ふつう チューリップ

1 さんかくに おる

2 したにおる

3 うえにおる

4 りょうはしを おる

5 うえにおる

6 うらがえす

できあがり

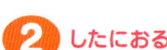

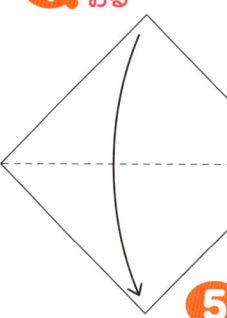

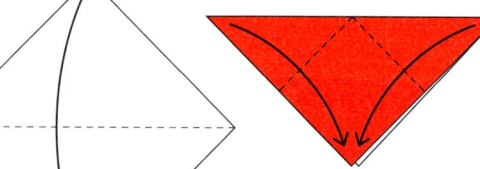

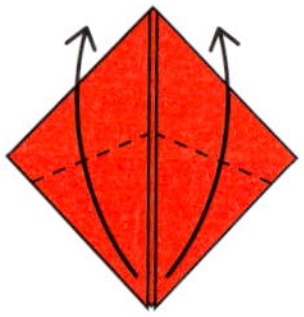

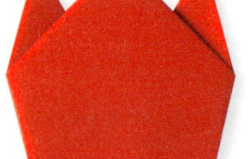

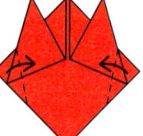

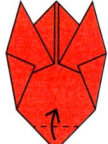

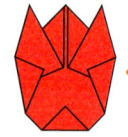

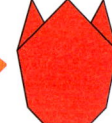

季節のおりがみ ① チューリップ

かんたん 伝承 チューリップ

1. さんかくにおる
2. おりすじをつける
3. りょうはしをうえにおる

できあがり

ちゃれんじ チューリップ

1. たてとよこにおりすじをつける
2. りょうはしをおりおりすじをつける
3. かどをおる
4. まんなかまでおる
5. うらがえす
6. まんなかまでおる
7. ☆をひろげておる
8. はんぶんにおる
9. かどをおる
10. したのかどをおる
11. ななめにおる
12. うらがえす

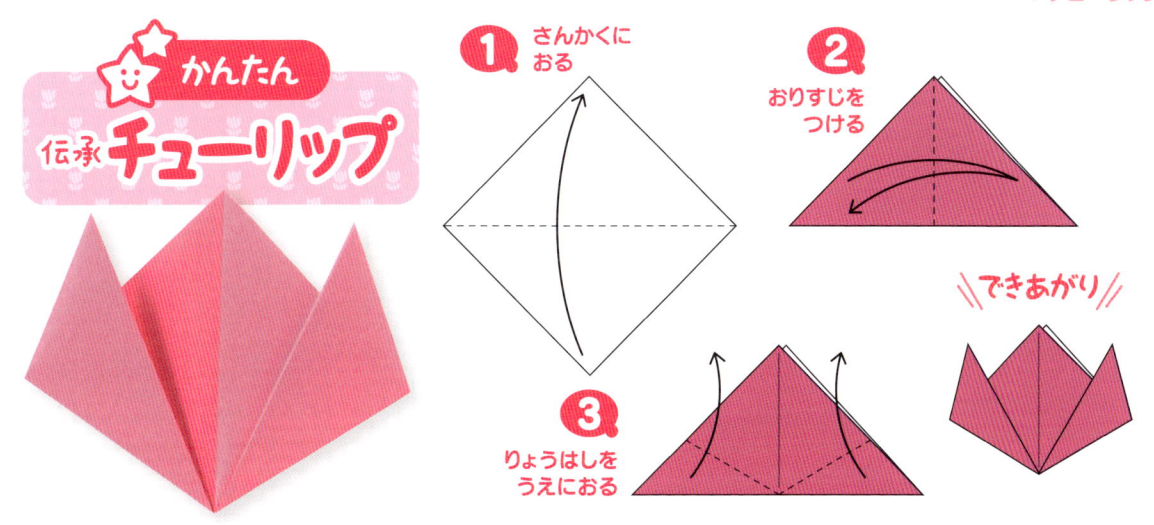

できあがり

● 次のページに、チューリップを使った遊びをたくさん紹介しています！➡

① チューリップでもっと遊ぼう!!

子どもたちが折ったチューリップで、たくさん遊べます! 色とりどりのチューリップを楽しみましょう!

チューリップで 壁面

たくさん咲いたよ！うれしいね！

新しいクラス、新しい友達、わくわくいっぱいの春。チューリップがきれいに咲いて、お出迎え！

その他の材料
- 色画用紙
※型紙はP77

製作：とりうみゆき

チューリップで シアター

チューリップきれいだね！

チューリップの歌に合わせて演じましょう。ほかの色を取り入れてもいいですね。

用意するもの
- 緑色に塗った割りばしに、チューリップと葉（色画用紙）をはる。※型紙はP80

1 ♪さいた さいた チューリップの はなが
両手でチューリップを作り揺れる。

2 ♪あか ♪しろ
赤チューリップ、白チューリップを出す。

3 ♪きいろ
白チューリップを持ち替えて黄色チューリップを出す。

4 ♪どのはなみても きれいだな
わ〜 きれいに 咲いたよ
3つとも揺らす。ほかの色でもやってみよう！

チューリップ
作詞／近藤宮子
作曲／井上武士

季節のおりがみ ❶ チューリップ

チューリップで せいさく帳

チューリップを使ったせいさく帳の例です。導入のことばがけ例も参考に、子どもたちのイメージを広げながら楽しみましょう。

ニコニコ チューリップ

① 八つ切り色画用紙にチューリップをはる。
② 葉と顔をパスで描く。

導入の ことばがけ例
どんなお顔のチューリップにしようかな？

⭐ とてもかんたん

ちぎり絵葉っぱの チューリップ

① 八つ切り色画用紙にチューリップをはる。
② 折り紙をちぎって葉にし、はる。

⭐ かんたん

導入の ことばがけ例
葉っぱはどんな形だったかな？

フワフワ 原っぱの じゅうたん

導入の ことばがけ例
すてきな原っぱできるかな？

① フラワーペーパーをクシャクシャに丸めて広げ、八つ切り画用紙にはる。
② ①の上から、チューリップをはる。

⭐ ふつう

お庭に咲いた チューリップ

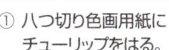
導入の ことばがけ例
どんなお庭にしようかな？

① 八つ切り色画用紙にチューリップをはる。
② 指スタンプで葉やまわりの風景を描く。

 チャレンジ

チューリップで たくさん 遊ぼう!!

子どもたちが折ったチューリップで、いっぱい遊んでみましょう。新しいクラスの初めてのおりがみ遊びが楽しくなると、これからの園生活も楽しみになりますよ。

どれがいっしょ!? わくわくお花合わせ

① チューリップに同じ顔を2つずつ描き、裏返して置く。
② 2つずつめくり、同じ顔だったら取る。

自己紹介にぴったり! ペンダントで はじめまして!

① チューリップに名前を書き、リボンを付けてペンダントにする。
② 保育室を歩き、出会った人にチューリップを見せ、名前を名乗って握手する。繰り返して遊ぶ。

「自分の」がうれしい! チューリップ腕輪

① チューリップの裏にモールをはって腕輪にする。自分のチューリップが腕輪になるのがうれしい♪

みんなで遊ぼう! チューリップリレー

① トイレットペーパー芯に色画用紙を巻きチューリップをはる。ティッシュ箱の上面を切り取り、色画用紙をはって花壇に見立てる。
② ひとりひとりチューリップを持ち、グループに分かれて、ティッシュ箱の花壇に差したら次の人にタッチ。
③ 早く全員が差せたチームの勝ち。

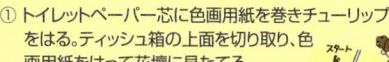

季節のおりがみ 2 イチゴ

イチゴは子どもたちの人気者。お日さまの光をいっぱいに受けて、甘いかな？ すっぱいかな？

とてもかんたん イチゴ

1. うえをおる
2. みぎとひだりをうしろにおる

できあがり

ふつう イチゴ

1. たてはんぶんにおっておりすじをつける 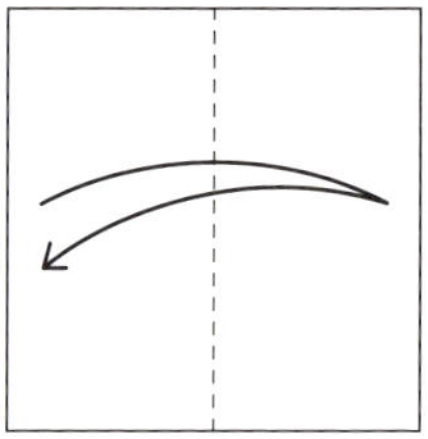
2. りょうがわをまんなかまでおる 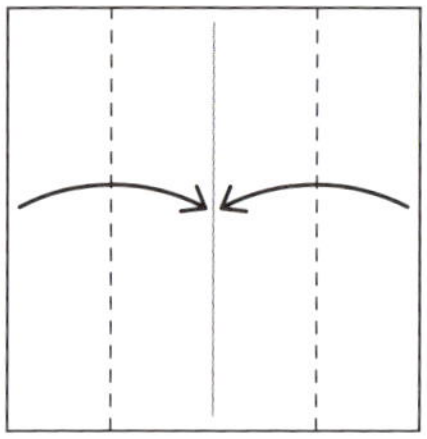
3. はんぶんをうしろにおる 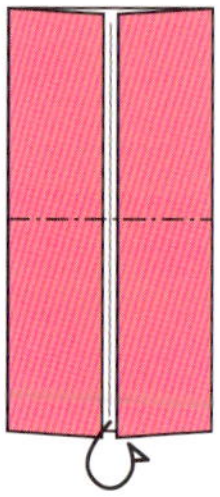
4. したのかどをおる 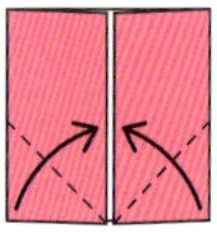
5. うらがえす 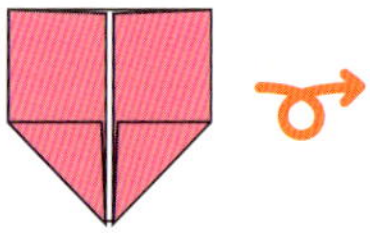
6. えりのようにおる 
7. うしろにおる

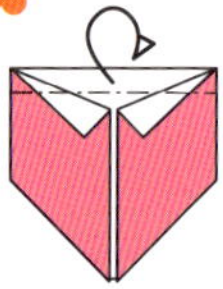

できあがり

10

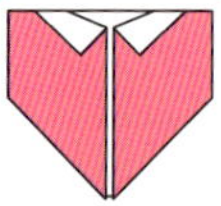

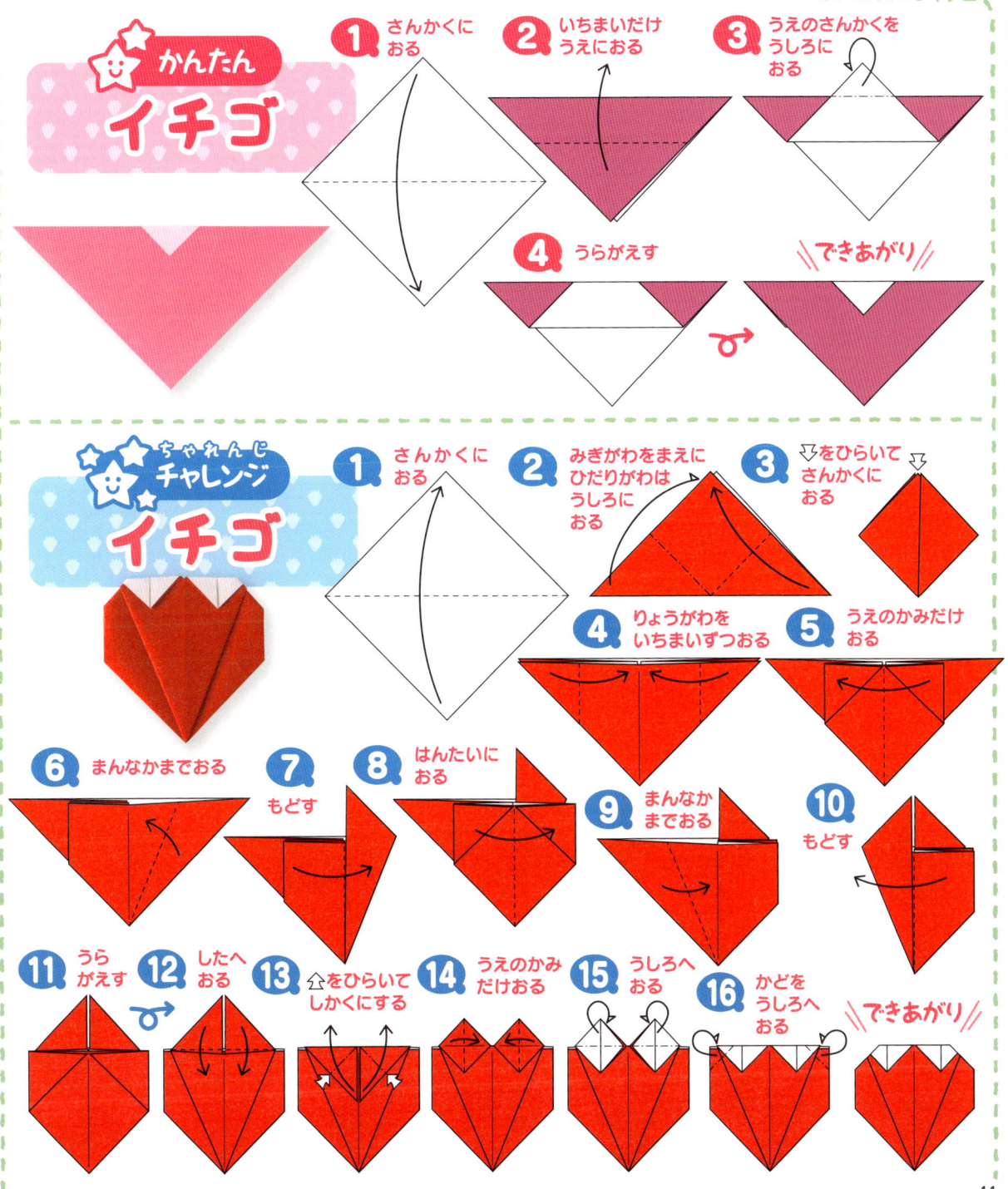

②イチゴでもっと遊ぼう!!

子どもたちが折ったイチゴで、たくさん遊べます! いろいろなイチゴを楽しみましょう!

ワクワク イチゴ狩り

イチゴ畑にイチゴがたくさん実ったよ! どのイチゴが甘いかな? どのイチゴにしようかな?

その他の材料
- 色画用紙
※型紙はP77

製作:うえはらかずよ

何ができるかな?

かんたんイチゴを使って、演じます。折っていくと、できあがりへの期待が膨らみますね。

用意するもの
- おりがみ4枚をはり合わせて大きなおりがみを作る。

1

「できたできた なにができた?」
\おやま〜、おにぎり〜/

おりがみを2つに折って子どもに問いかけ、やりとりを楽しむ。

2

「なにかな〜? さかさまにしてお口があいたよ!」
パクパク

逆さまにして、1枚を上に折り、口のように閉じたり開いたりする。

3

「ぴょこんとツノをおって まほうをかけるよ」
チチンプイ!

角をうしろに折って、魔法をかけるしぐさをする。

4

「ジャーン! イチゴでした!」
パクッ!
甘くておいしい!

裏返して、ひと口食べるまねをする。

イチゴでせいさく帳

イチゴを使ったせいさく帳の例です。導入のことばがけ例も参考に、子どもたちのイメージを広げながら楽しみましょう。

イチゴ大好き！

① イチゴのへたを塗り、丸シールで種をはる。
② ①を八つ切り色画用紙にはる。
③ スチロールスタンプで周りを飾る。

☆ とてもかんたん

イチゴ畑のなかよしさん

① イチゴを八つ切り画用紙にはる。
② ヘタと種を塗る。
③ 茎と葉、花を描き、花の中央に丸シールをはる。

☆ かんたん

導入のことばがけ例
イチゴは何色かな？ つぶつぶの種があるんだよ。はってみよう。

導入のことばがけ例
イチゴをよ〜く見ると、つぶつぶの種があったよね。イチゴさん、茎でつながって仲よしさんだったね。

イチゴケーキ、いただきます！

① ケーキの形に切った色画用紙を八つ切り色画用紙にはる。
② イチゴをはる。
③ イチゴのヘタを塗り、ケーキの間のフルーツ、皿、フォークなどを描く。

☆ ふつう

導入のことばがけ例
イチゴのケーキを作ろう！ おいしくできるかな？

かわいいイチゴみーつけた！

① 八つ切り画用紙にイチゴをはる。
② ヘタを塗り、種を描く。
③ 畑を描き、丸シールをはって花を作る。後ろに、イチゴを見つけた動物などを描く。

☆ チャレンジ

導入のことばがけ例
おいしいイチゴを見つけたのはだれかな？ お花も咲かせてみよう！

イチゴでたくさん遊ぼう!!

子どもたちが折ったイチゴで、いっぱい遊んでみましょう。楽しくて、思わずたくさん作ってしまいますよ。

夢中になって！ わくわくイチゴ摘み

① 保育室の見えるところにイチゴを隠す。
② カゴなどを持って、たくさんのイチゴを探して遊ぶ。

みんなで楽しい！ パクパクイチゴゲーム

① イチゴを持って、円になって座る。
② CDなどで音楽を流し、流れている間にイチゴを隣の人に渡す。
③ 音楽が止まったら「イチゴパクパク」と言って食べるふりをする。繰り返して遊ぶ。
④ 音楽のテンポに変化をつけると盛り上がる。

仲よしが広がる！ カラフルタネタネ

① 好きな色のパスを用意する。
② 友達のイチゴに種をひとつ描く。みんなの種を集めよう。

みんなで遊ぼう！ ジャンケンイチゴ列車

① イチゴの裏にクラフトテープを付けて、服にはる。
② 保育室内を歩き、出会った人とジャンケンをする。
③ 勝った人は、負けた人からイチゴをもらう。負けた人は、イチゴを渡し、勝った人の後ろにつながって、②、③を繰り返す。いくつイチゴをGETできるかな？

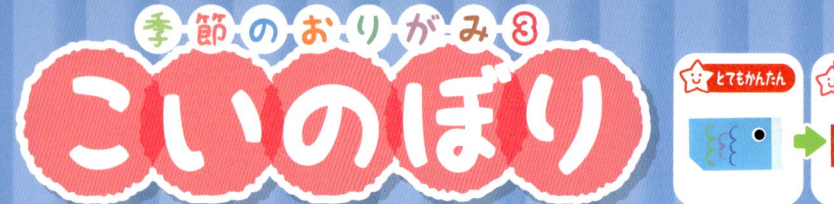

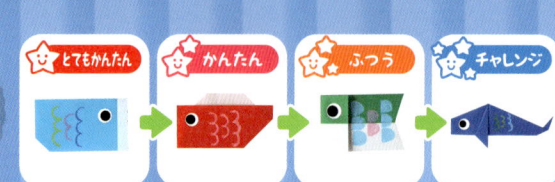

季節のおりがみ③

こいのぼり

大空を元気に泳ぐこいのぼり。子どもたちが元気にりっぱに育ちますように、という願いが込められているよ。

とてもかんたん こいのぼり

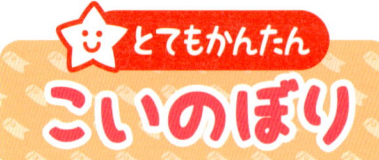

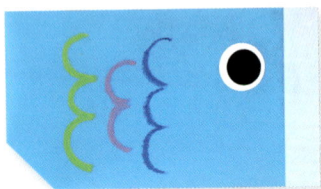

1 はしを すこしおる

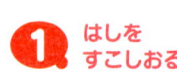

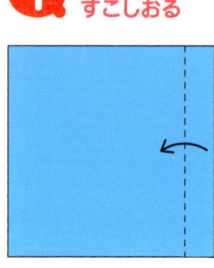

2 うしろへ はんぶんにおる

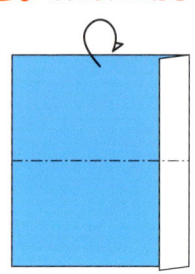

3 かどを うしろにおる

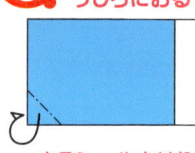

まるシールをはり もようをかいて できあがり

ふつう こいのぼり

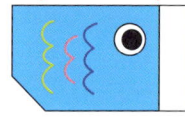

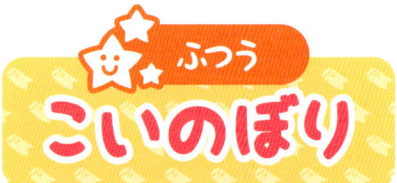

1 たてと よこに おりすじを つける

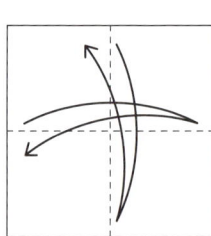

2 うえを まんなかまで おる

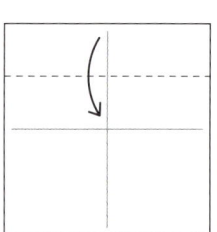

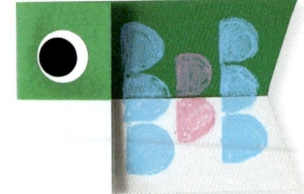

3 うらがえす

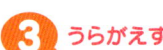

4 したをせんまでおる

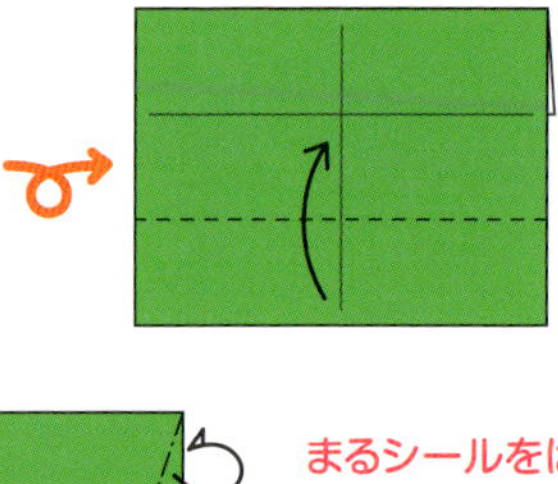

5 まんなかまでおって かおをつくる

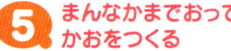

6 ひろいほうの まんなかを すこしきる

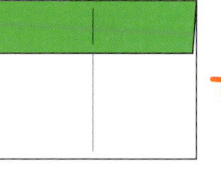

7 うしろにおって しっぽをつくる

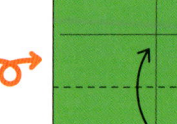

まるシールをはり もようをかいて できあがり

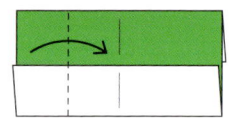

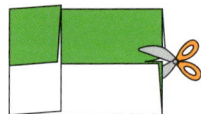

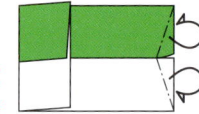

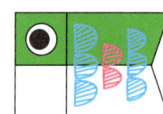

季節のおりがみ ❸ こいのぼり

⭐ かんたん こいのぼり

1 しろいところをすこしのこしておる

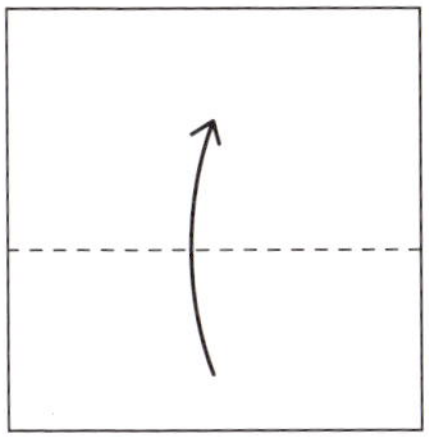

2 しろいかみのりょうほうのかどをおる

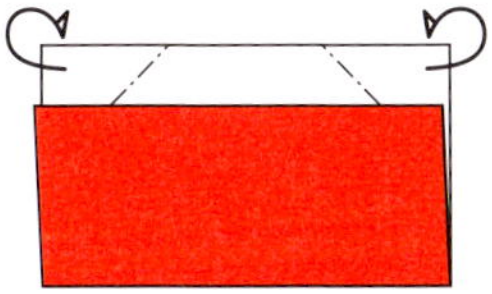

3 かどをうしろにおる

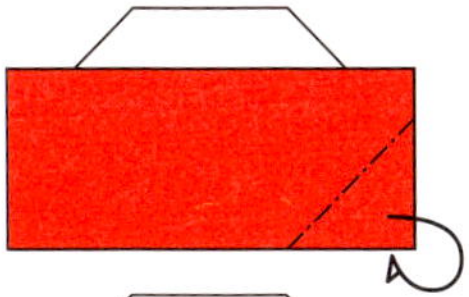

まるシールをはりもようをかいて **できあがり**

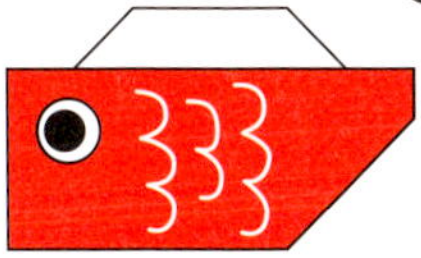

⭐⭐ ちゃれんじ 伝承 こいのぼり

1 さんかくにおっておりすじをつける

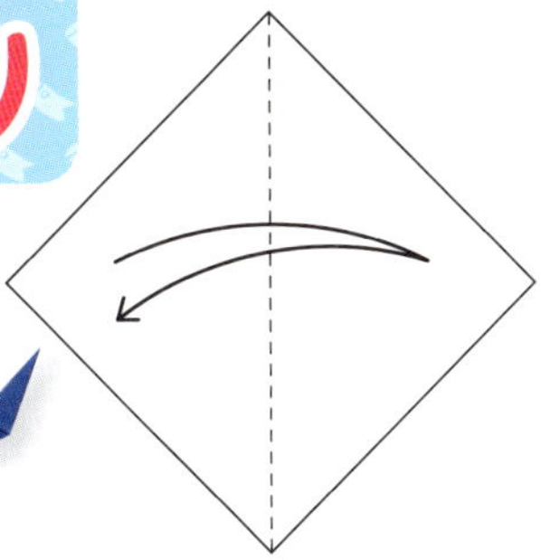

2 まんなかまでおる

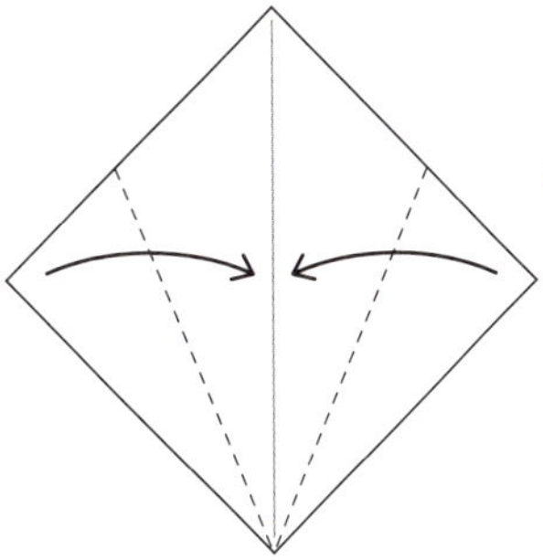

3 うしろへはんぶんにおる

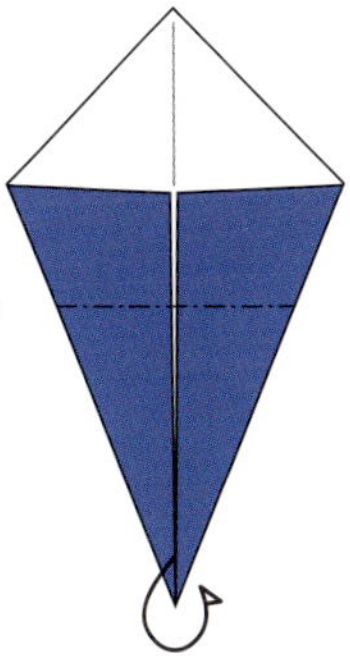

4 ⇩をひらいてしたにおる

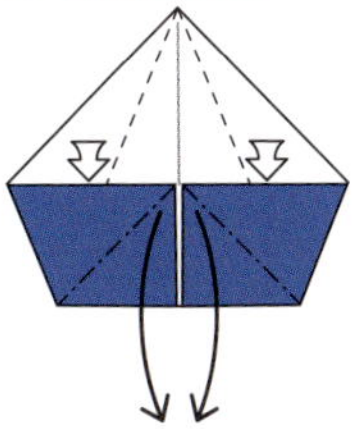

5 うしろのいちまいをしたにおる

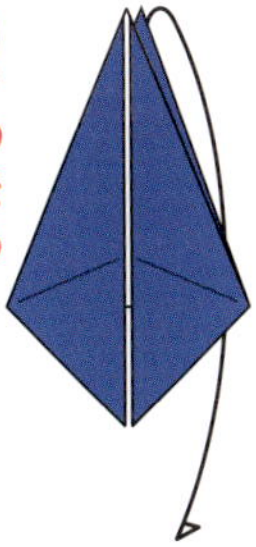

6 うえをうしろにおる

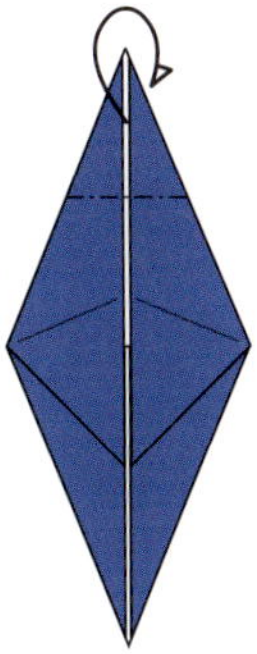

7 うしろへはんぶんにおる 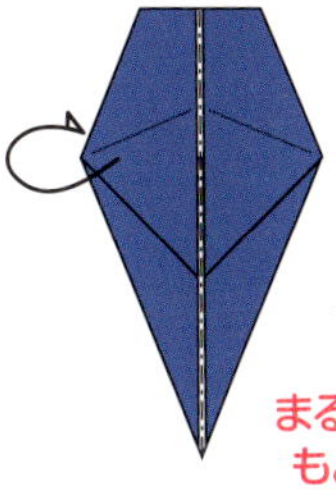 よこにする

8 さんかくをまえにたおす

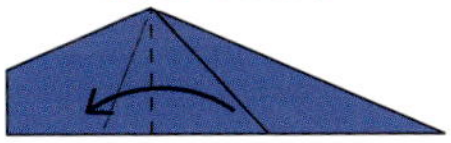

9 さんかくにおる  うらもおなじ

10 しっぽをおる なかわりおり

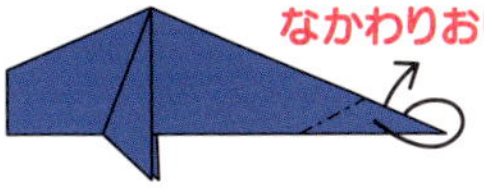

まるシールをはりもようをかいて **できあがり**

15

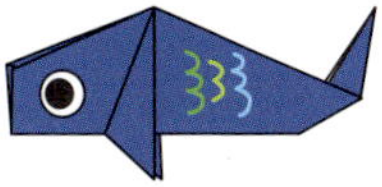

●次のページに、こいのぼりを使った遊びをたくさん紹介しています！➡

③ こいのぼりでもっと遊ぼう!!

子どもたちが折ったこいのぼりで、たくさん遊べます！ いろいろな表情や模様のこいのぼりを楽しみましょう！

こいのぼりで 壁面

元気いっぱい！大空を泳ぐよ！

元気な子どもたちのように、こいのぼりも元気いっぱい風に乗って大空を泳いでいるよ！

その他の材料
- 色画用紙
- たこ糸

※型紙はP77

製作：マメリツコ

こいのぼりで シアター

屋根より高い こいのぼり

歌に合わせて、だんだんこいのぼりが出てきますよ。

用意するもの
- 1000mlの牛乳パックに色画用紙を巻き、風車と支柱、こいのぼりをはる。
- 500mlの牛乳パックに色画用紙で家をはる。※型紙はP80

1 ♪やねよりたかいこいのぼ～り
歌に合わせて、風車を出す。

2 ♪おおきいまごいはおとうさん
上にあげていき、まごいを出す。

3 ♪ちいさいひごいはこどもた～ち
どんどんあげて、ひごいを出す。

4 ♪おもしろそうにおよいでる～
全部出して、揺らす。

こいのぼり
作詞／近藤宮子
作曲／不詳

季節のおりがみ ❸ こいのぼり

こいのぼりで せいさく帳

こいのぼりを使ったせいさく帳の例です。導入のことばがけ例も参考に、子どもたちのイメージを広げながら楽しみましょう。

スタンプこいのぼり

① こいのぼりを八つ切り色画用紙にはり、丸シールで目をはる。
② こいのぼりに、段ボールスタンプで模様を付ける。まわりにもスタンプする。

導入のことばがけ例
こいのぼりさんにスタンプして、かわいくしてあげてね。

★ とてもかんたん

おしゃれなこいのぼり

① 紙テープを八つ切り色画用紙にはり、こいのぼりをはる。
② こいのぼりにビーズやリボンをはって、おしゃれにする。

★ かんたん

導入のことばがけ例
どのこいのぼりさんがおしゃれかな？

大空をいっしょに探検だ！

① 八つ切り画用紙にパスなどで雲を描き、絵の具を塗ってはじき絵をする。
② ①にこいのぼりをはり、丸シールで目をはる。うろこは、半分に切った丸シールをはる。
③ 画用紙にパスなどで自分の絵を描いて切り取り、こいのぼりにはる。

★ ふつう

導入のことばがけ例
こいのぼりに乗って、大空を探検するよ！

高く高く、泳ぐこいのぼり！

① こいのぼりを八つ切り画用紙にはる。
② 支柱や風車、自分や家をで描く。

★ チャレンジ

導入のことばがけ例
こいのぼりは、高いところで泳いでいるよ。すごいね。

こいのぼりで たくさん遊ぼう!!

子どもたちが折ったこいのぼりで、いっぱい遊んでみましょう。自分のこいのぼりに愛着もわいてきますよ。

元気にジャンプ！ 届くかな？ 高い高いこいのぼり

① 壁にこいのぼりを、高さを変えてはる。
② 「手を伸ばすとどこまで届くかな？」「ジャンプするといちばん上まで届くかな？」などことばがけをしながら遊ぶ。

みんなで遊ぼう！ ジャンケンこいのぼり

① 短く切ったストロー3本に、こいのぼりをはる。
② ①のストロー3本より長めの竹ひごの下の方に厚紙でストッパーを付ける。
③ 友達とジャンケンをして、勝ったらこいのぼりをもらって竹ひごに通す。
④ 3色、そろったら勝ち。

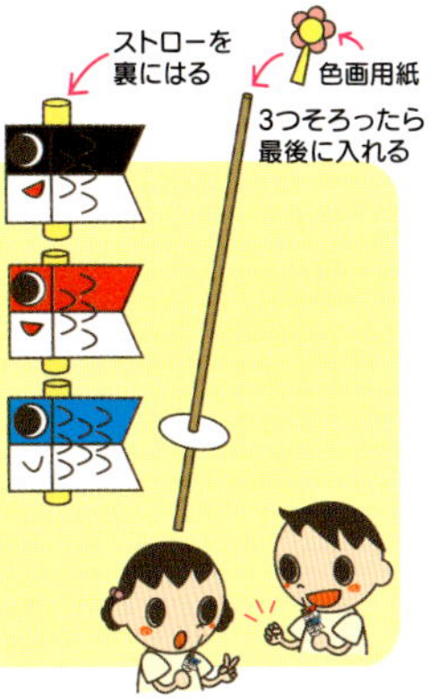

ストローを裏にはる
色画用紙
3つそろったら最後に入れる

作って遊ぼう！ クルクルこいのぼり

① ストローにこいのぼりをはる。
② 竹ひごの下のほうに厚紙でストッパーを付け、ストローを通す。
③ 竹ひごの先端に、色画用紙の花を付ける。
④ 息を吹きかけて、クルクル回す。

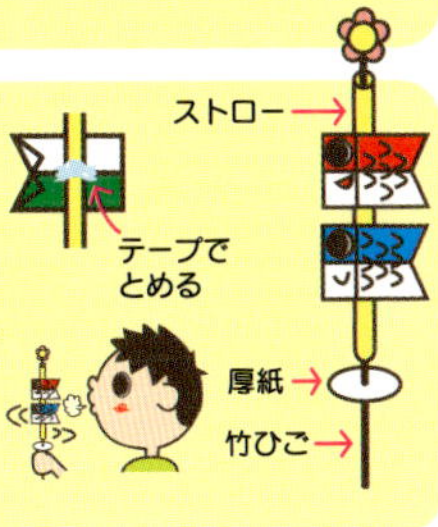

ストロー→
テープでとめる
厚紙→
竹ひご→

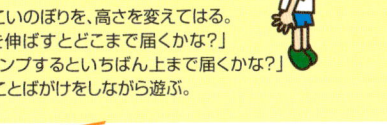

こどもの日は特別！ こいのぼりで特別メニュー！

① 1/4の大きさのおりがみでこいのぼりを折り、つまようじにはる。
② 「元気に育ちますように」と、ことばがけをしながら、給食やお弁当のおかずに差す。

季節のおりがみ4

かぶと

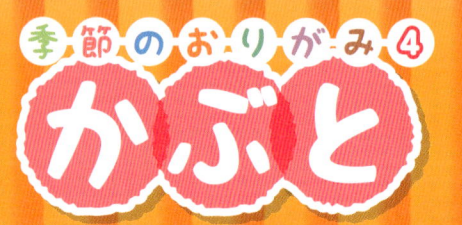

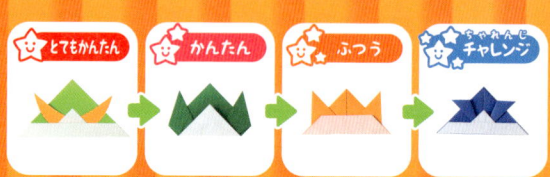

子どもたちが強く元気に育ちますように。そんな願いを込めて
飾られるかぶと。かっこよく折れるかな？

とてもかんたん かぶと

1 したをさんかくにおる

2 したをほそくおる

3 のりでつのをはる

1/2のおりがみをはんぶんにおって、きってひらく

できあがり

ふつう かぶと

1 たてとよこにおりすじをつける

2 はんぶんまでおる

3 したにおる

4 したのかどにあわせる

5 うえにおる

6 さんかくにおる

7 おる

できあがり

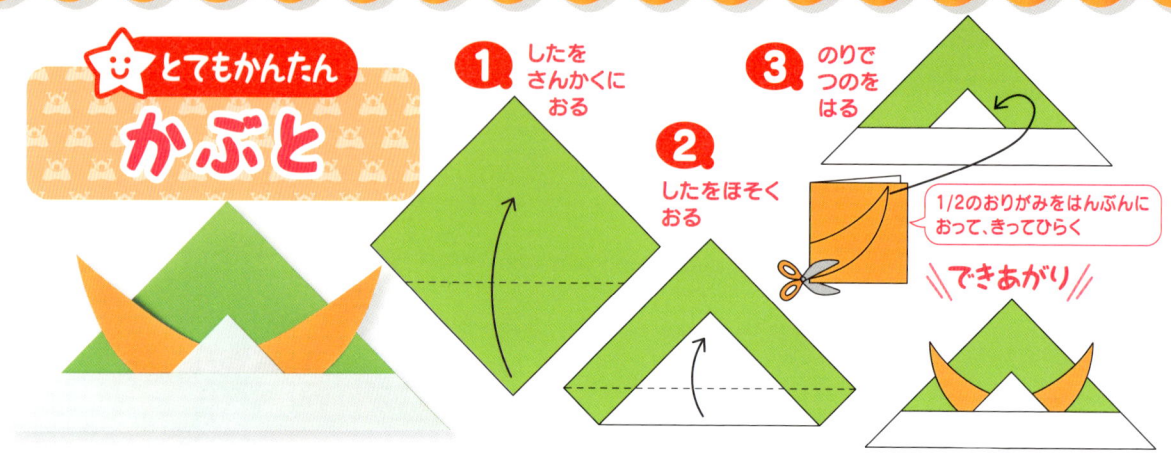

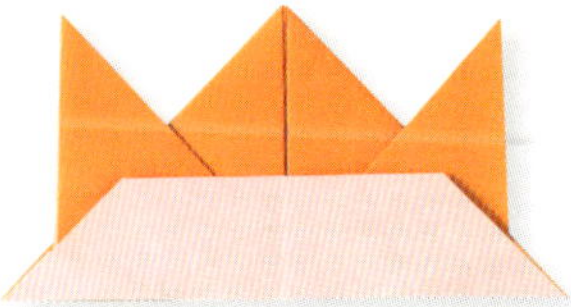

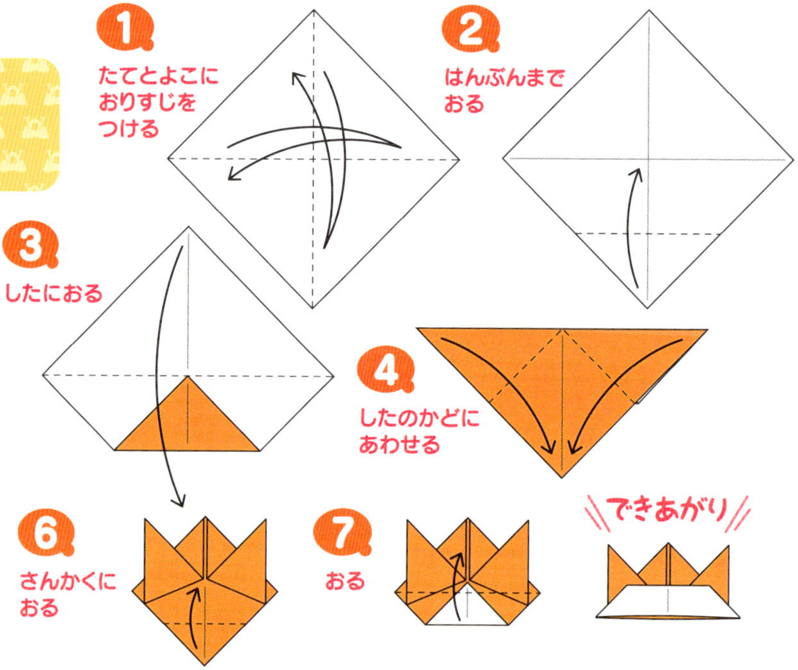

かんたん かぶと

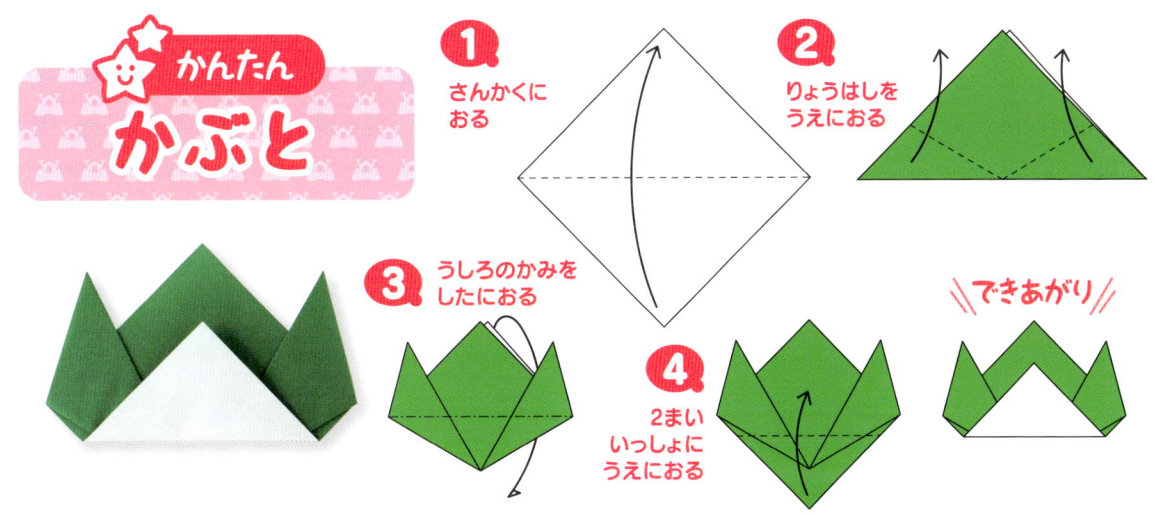

1. さんかくにおる
2. りょうはしをうえにおる
3. うしろのかみをしたにおる
4. 2まいいっしょにうえにおる

\\できあがり//

チャレンジ 伝承かぶと

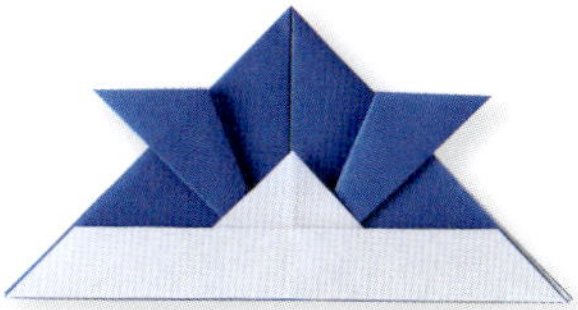

1. さんかくにおる 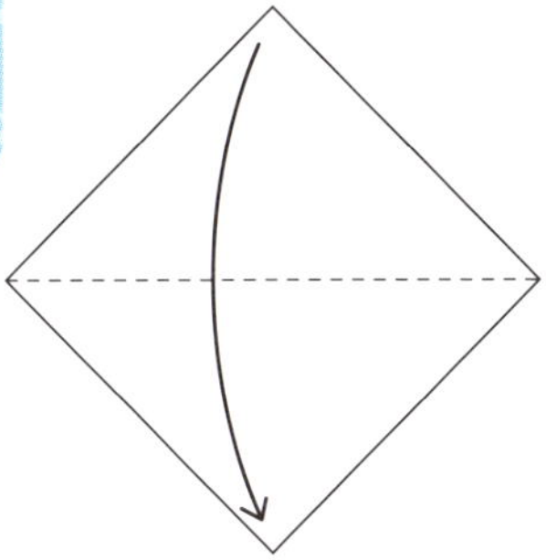
2. おりすじをつける 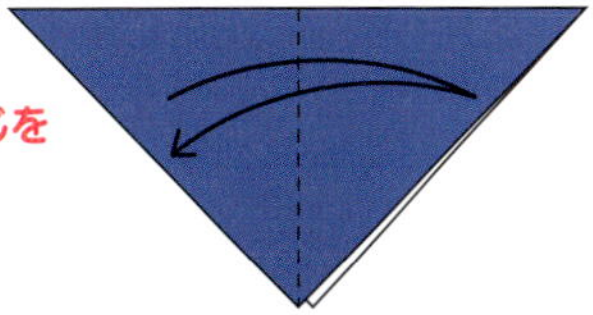
3. したのかどにあわせる 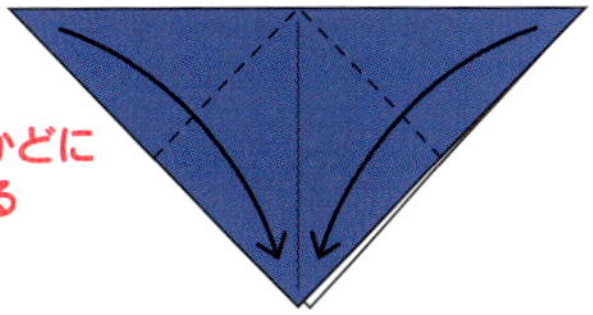
4. うえのかどにあわせる 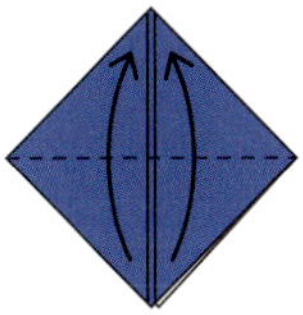
5. そとにおる 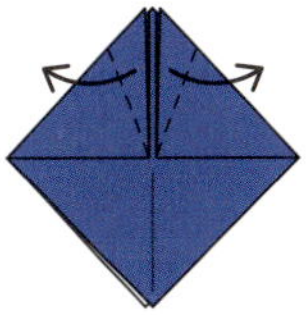
6. すこしちいさめのさんかくをおる 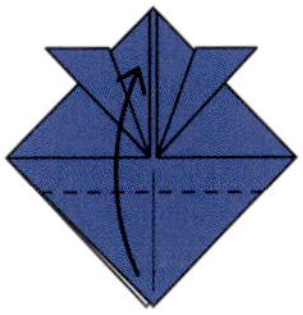
7. うえにおる 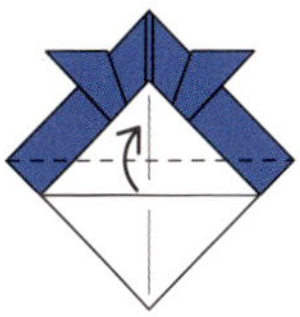
8. ⇧をひろげてなかにさしこむ

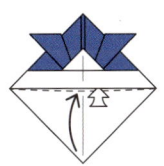

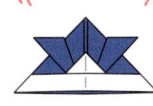

\\できあがり//

●次のページに、かぶとを使った遊びをたくさん紹介しています！➡

④ かぶとでもっと遊ぼう!!

子どもたちが折ったかぶとで、たくさん遊べます！ いろいろなかぶとを楽しみましょう！

かぶとで 壁面

大きなライオンさんにはかぶとがいっぱい！

ネズミさんと同じかぶと、ライオンさんにはちょっと小さいね。みんなのかぶとをたくさんかぶせてあげよう！

その他の材料
- 色画用紙
- ※型紙はP77

製作：降矢和子

かぶとで シアター

色クイズ　強い子かぶと

果物の色クイズから元気もりもりポーズへ、繰り返し遊べます。自分で折るかぶとは何色にしようか、考える楽しさにもつながります。

用意するもの
- おりがみを4枚はり合わせて、かぶとを折る。
- 色画用紙で果物を作る。　※型紙はP80

① おいしいくだもの集まれ〜 これは何色？ / あか / なんのくだものかな？ / リンゴ

赤色画用紙を見せて、色と何の果物かクイズを出す。

② 正解！リンゴでした！

正解したら、表にする。

③ リンゴちゃんに赤色の強い子かぶとをプレゼント！

赤色のかぶとをかぶせる。

④ 強い子リンゴになったかな？ / みんないっしょに元気もりもり!!

みんなで元気もりもりポーズをする。ほかの果物でも繰り返す。

20

季節のおりがみ ④ かぶと

かぶとで せいさく帳

かぶとを使ったせいさく帳の例です。導入のことばがけ例も参考に、子どもたちのイメージを広げながら楽しみましょう。

★ とてもかんたん
手形をポン！元気に大きくなったでしょ！

① 保育者が八つ切り画用紙で切った顔や服を、画用紙にはる。
② ①にかぶとをはる。
③ 別の画用紙に絵の具で手形を押し、切り取ってはる。
④ 顔や服の模様を描く。

導入のことばがけ例 手形をポンとしようね。大きくなったかな？

かぶとコレクション ★ふつう

① 八つ切り色画用紙にかぶとをはる。
② 段ボールスタンプで結びを作る。
③ 千代紙や金色おりがみを切ってはる。

導入のことばがけ例 かぶとってかっこいいね。すてきに飾ってみよう。

みんな強い子、元気な子！ ★かんたん

① こどもの日のことを思い出しながら、八つ切り画用紙にかぶとをはる。
② 自分や友達を描く。

導入のことばがけ例 こどもの日には、何を食べたかな？何して遊んだかな？

こどもの日の記念写真 ★チャレンジ

① 八つ切り色画用紙の周りをパンチで抜き、リボンを通す。
② 顔や周りを色画用紙で切ってはり、かぶとをはる。

導入のことばがけ例 こどもの日の元気なみんなの写真を撮るよ！

かぶとで たくさん遊ぼう!!

子どもたちが折ったかぶとで、いっぱい遊んでみましょう。かぶとに込める願いのように、子どもたちが、毎日を元気に楽しく過ごせるといいですね。

作って遊ぼう！
かぶとのお面

① 色画用紙を細長く切り、先端を折り曲げて輪ゴムを挟んでホッチキスで留める。
② ①にかぶとをはる。お面にして、家に持ち帰ろう♪

ペアで勝負！
かぶとでトントンずもう

① ティッシュ箱などの空き箱に色画用紙をはり、土俵を作る。
② 厚紙を人型に切り、かぶと（ふつう、チャレンジ）をかぶせて、強い自分に変身！
③ 土俵に置いて、指でトントンたたき、かぶとが落ちたり倒れたり土俵から出たら負け。

かぶとで色鬼！
○色かぶとに集まれ！

① ひとりひとり好きな色のかぶとを持つ。
② 鬼をひとり決め、色鬼のように「○色のかぶとに集まれ〜」と言う。その色のかぶとを持った子のところに集まる。
③ 集まれていない子をタッチし、鬼を交代する。②、③を繰り返す。

協力して作ろう！
ビッグかぶと作りに挑戦！

① 正方形に切った模造紙を用意する。
② 4〜6人のグループに分かれて、ビッグかぶとを作る。角を合わせたり、折り筋を付けたり、友達と協力！

21

季節のおりがみ 5 アジサイ

梅雨の季節に咲くきれいなアジサイ。
小さな花がいっぱい集まっているね。たくさん折ってみよう！

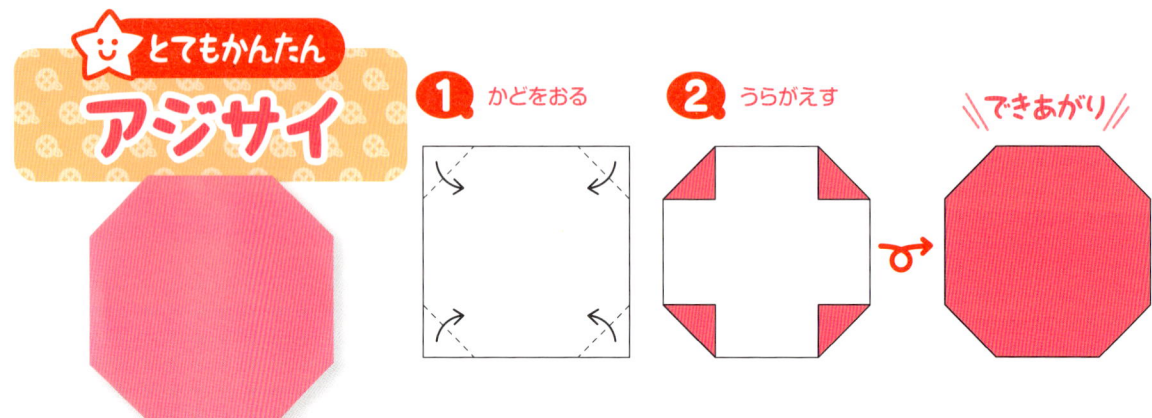

とてもかんたん アジサイ

1. かどをおる
2. うらがえす

できあがり

ふつう アジサイ

1. たてとよこにおりすじをつける 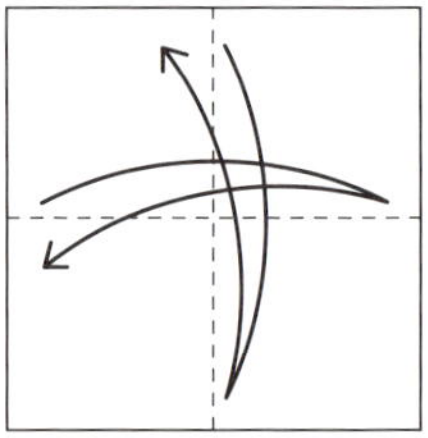
2. まんなかまでおる

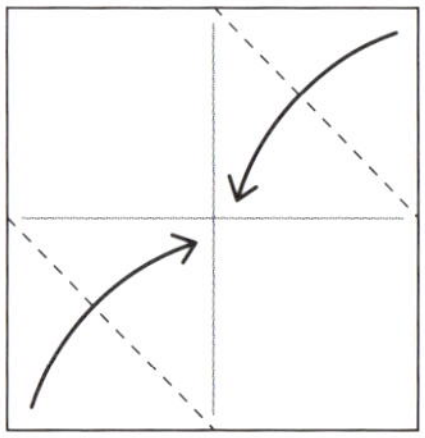

3. うらがえしてむきをかえる 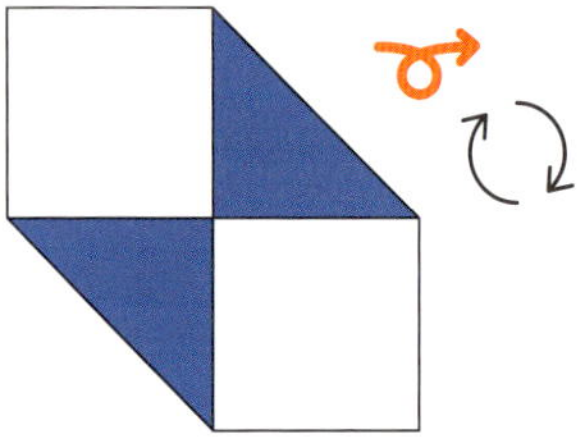
4. まんなかまでおる 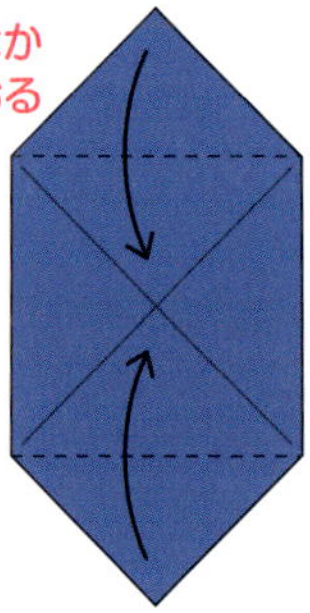
5. まんなかまでおる 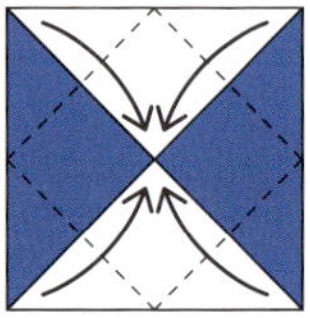
6. うらがえしてむきをかえる

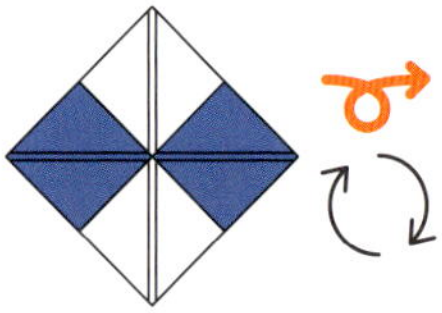

できあがり

22

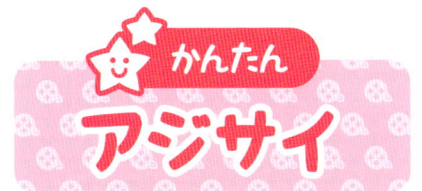

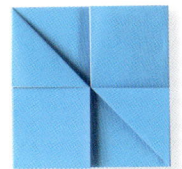

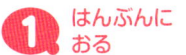

かんたん
アジサイ

1 はんぶんに おる

2 たてに おりすじを つける

3 まんなかまで おる

4 さんかくに おる

できあがり

チャレンジ（ちゃれんじ）
伝承 アジサイ

1 はんぶんに おる

2 みぎがわは まえに ひだりがわは うしろに おりあげる

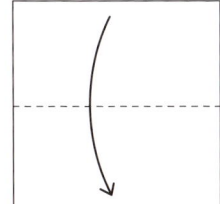

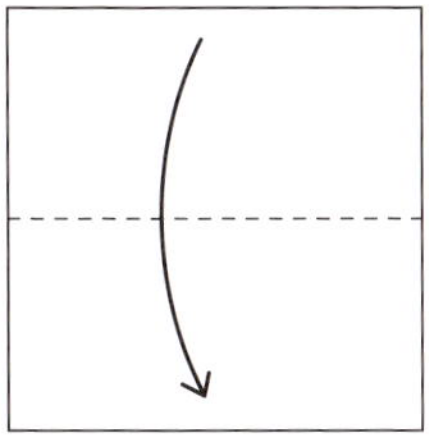

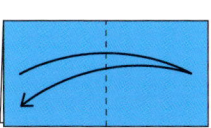

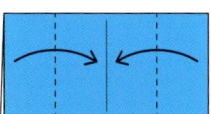

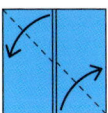

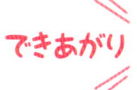

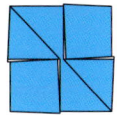

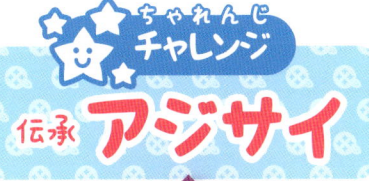

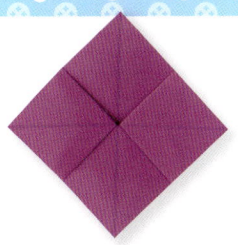

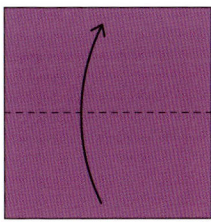

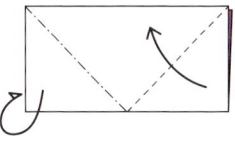

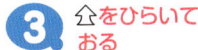

3 ⇧をひらいて おる

4 まんなかまで おる

5 うらがえす

6 まんなかまで おる

7 はんぶんに おる

8 ⇧をひろげて うえへおる

できあがり

●次のページに、アジサイを使った遊びをたくさん紹介しています！➡

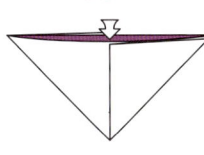

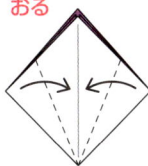

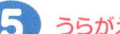

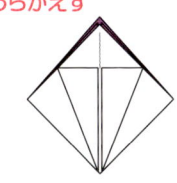

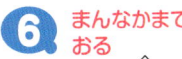

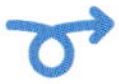

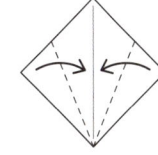

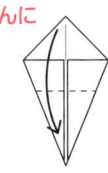

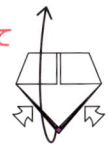

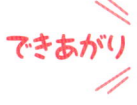

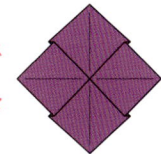

⑤ アジサイでもっと遊ぼう!!

子どもたちが折ったアジサイで、たくさん遊べます！ 色とりどりのアジサイを楽しみましょう！

アジサイで **壁面**

みんなのアジサイ、きれいに咲いたね！

きれいに咲いたみんなの大きなアジサイを、ウサギさんとクマさんが見つけたよ。カタツムリさんもカエルさんもニコニコうれしそうだね。

その他の材料
- 色画用紙
※型紙はP78

製作：福島 幸

アジサイで **シアター**

アジサイかくれんぼ

アジサイの小さな花のうしろにだれかがかくれんぼ。ちょっとずつ見えてくるのが楽しいクイズです。

用意するもの

入れてはる

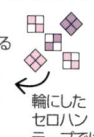

●段ボールに色画用紙をはり、アジサイの形に切る。クリアフォルダーをはり、絵カードを入れ、アジサイをはる。 ※型紙はP80
輪にしたセロハンテープではる。

1 アジサイにだれかかくれているよ

アジサイボードを出す。

2 だれかな？あれ？緑色だね

アジサイを2、3枚外す。

3 だれかな？だれかな？ ＼カエル／

正解するまでアジサイを外し続ける。

4 正解！カエルでした！ ゲロゲロ

正解が出たら、全部外す。中の絵カードを変えて繰り返し遊ぶ。

季節のおりがみ ❺ アジサイ

アジサイで せいさく帳

アジサイを使ったせいさく帳の例です。導入のことばがけ例も参考に、子どもたちのイメージを広げながら楽しみましょう。

指でチョンチョン、手形をポン！

① 絵の具で手形を押した画用紙を葉の形に切る。
② ①を八つ切り色画用紙にはり、アジサイをはる。
③ 指スタンプで花をチョンチョン押す。

★ とてもかんたん

導入のことばがけ例　アジサイは小さな花がいっぱい集まっているんだよ。チョンチョンしてみよう。

雨大好き！カエルに変身！

① アジサイを、八つ切り色画用紙にはる。
② 緑色で折ったものをふたつ縦に重ねてはり、丸シールで目玉をはる。
③ 筆先をやさしく押し付けて、絵の具で雨粒を描く。

★ かんたん

導入のことばがけ例　アジサイがカエルになっちゃうよ。雨も降ってきて、ワクワクするね。

アジサイで 雨宿り

① 八つ切り色画用紙の上のほうに、色画用紙を切った葉やアジサイをはる。
② フラワーペーパーを丸め、雨粒をはる。
③ カタツムリを下にはり、葉の模様やカタツムリの渦を描く。

★ ふつう

導入のことばがけ例　雨が降ってきたよ。アジサイの下では、カタツムリさんがのんびり雨宿りしているよ。

きれいに咲いたね！

① 本物のアジサイの葉で版画をし、切り取る。
② 八つ切り色画用紙に、①の葉とアジサイをはる。
③ 小さなカップなどに入れた木工用接着剤を割りばしに付けて、周りに付け、乾かし雨粒にする。
④ モールを丸めたカタツムリをはる。

★ チャレンジ

導入のことばがけ例　アジサイがきれいな雨でキラキラ輝いているね。

アジサイで たくさん遊ぼう!!

子どもたちが折ったアジサイで、いっぱい遊んでみましょう。雨の多い梅雨の時期も楽しく過ごせますよ。

作って遊ぼう！ アジサイ髪飾り

① いろいろな色のアジサイ（とてもかんたんは、1/4の大きさ）をのりでつなげる。
② 輪にして留める。みんなで作って見せ合いっこ。みんなで作って誕生児へのプレゼントにしてもうれしい。

ごっこ遊びに！ おいしいね！クッキー

① いろいろな色のアジサイ（とてもかんたんは、1/4の大きさ）を紙皿などに載せる。
② ままごとやクッキー屋さんなどごっこ遊びが楽しめる。
③ とてもかんたん、ふつうのアジサイで、茶色と黄土色、ピンクと黄土色のおりがみを表裏に重ね合わせて折ると、チョコ味、イチゴとチョコ味など、バリエーションが出て盛り上がる。

おもちゃに変身！ クルクルこま

① ふつうのアジサイの中央につまようじを差し、接着剤で留める。
② つまようじをつまんで回す。模様を描いてもおもしろい。

接着剤で留める

おもちゃに変身！ ブンブンごま

① ふつうのアジサイの中央に布粘着テープをはり、2つ穴をあける。
② たこ糸を通して結ぶ。
③ たこ糸を持ち、クルクル回して引っ張るとブンブンと鳴る。

くるくる回す
ブーンブーン

25

季節のおりがみ⑥ カタツムリ

雨が大好き、のんびり歩くカタツムリさん。
ゆっくりゆっくり、どこにお散歩行こうかな？

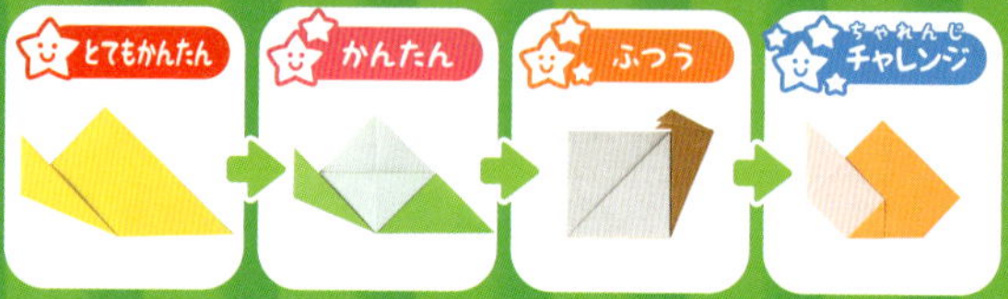

とてもかんたん カタツムリ

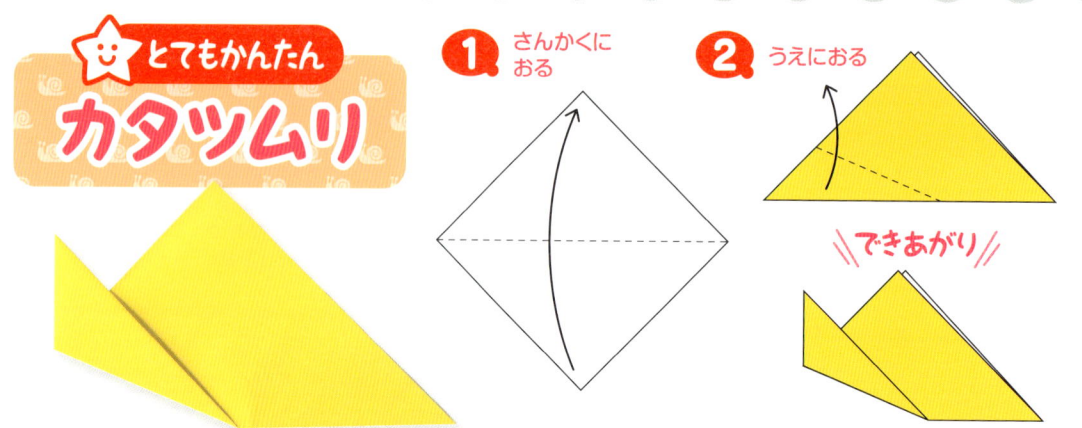

1. さんかくにおる 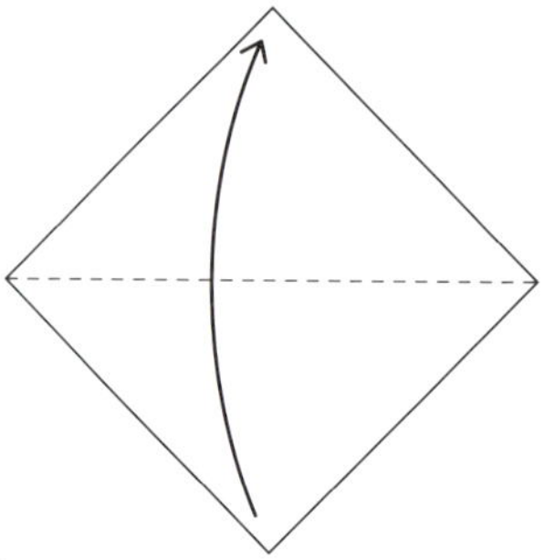
2. うえにおる

できあがり

ふつう カタツムリ

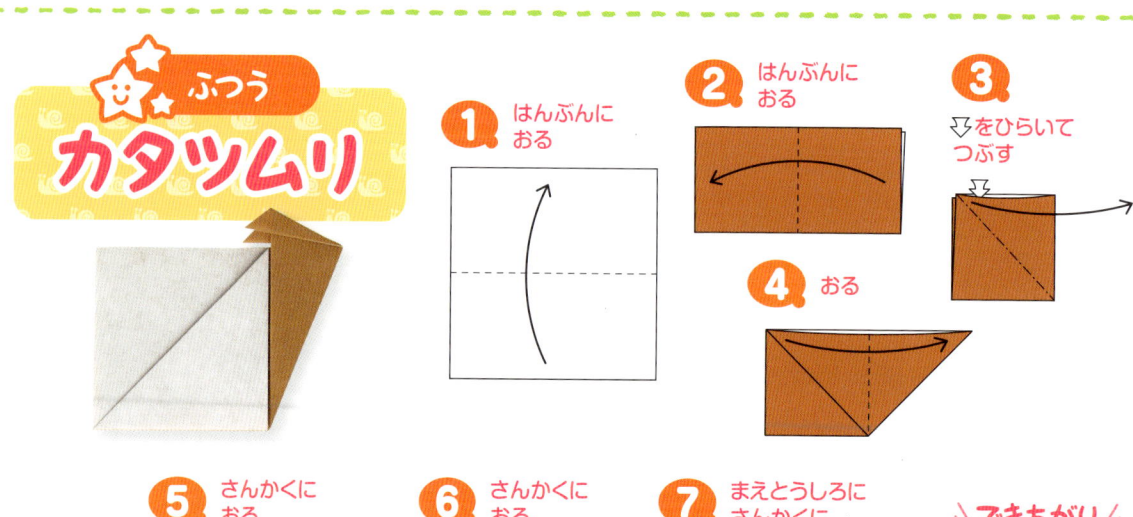

1. はんぶんにおる
2. はんぶんにおる
3. ⇩をひらいてつぶす
4. おる

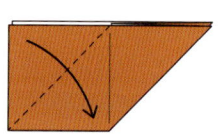
5. さんかくにおる

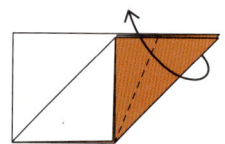
6. さんかくにおる

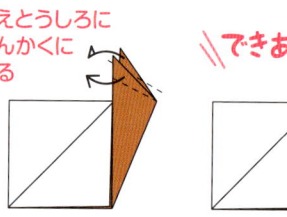
7. まえとうしろにさんかくにおる

できあがり

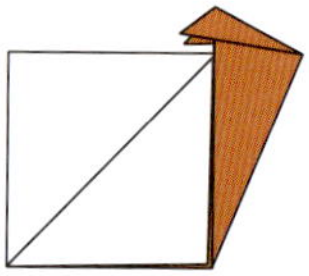

かんたん カタツムリ

ちゃれんじ チャレンジ カタツムリ

●次のページに、カタツムリを使った遊びをたくさん紹介しています!➡

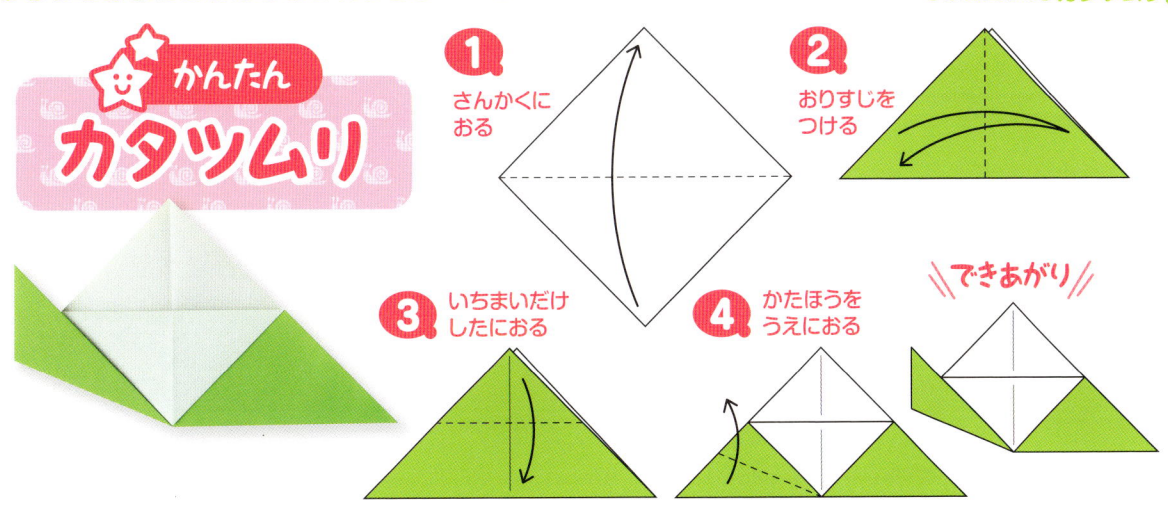

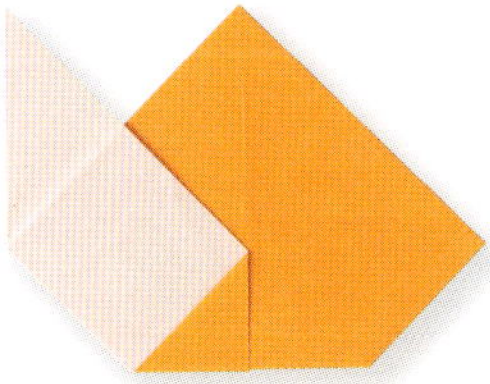

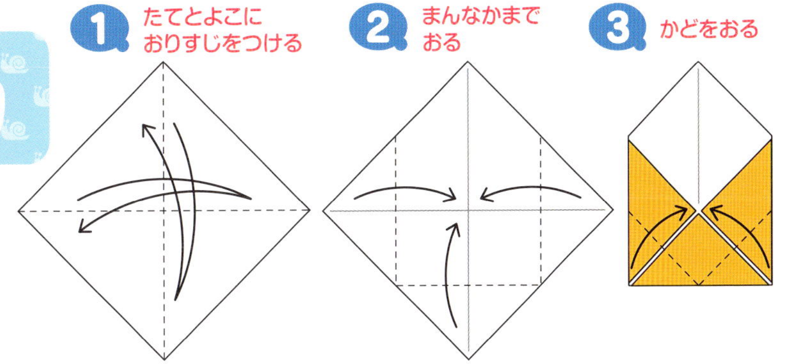

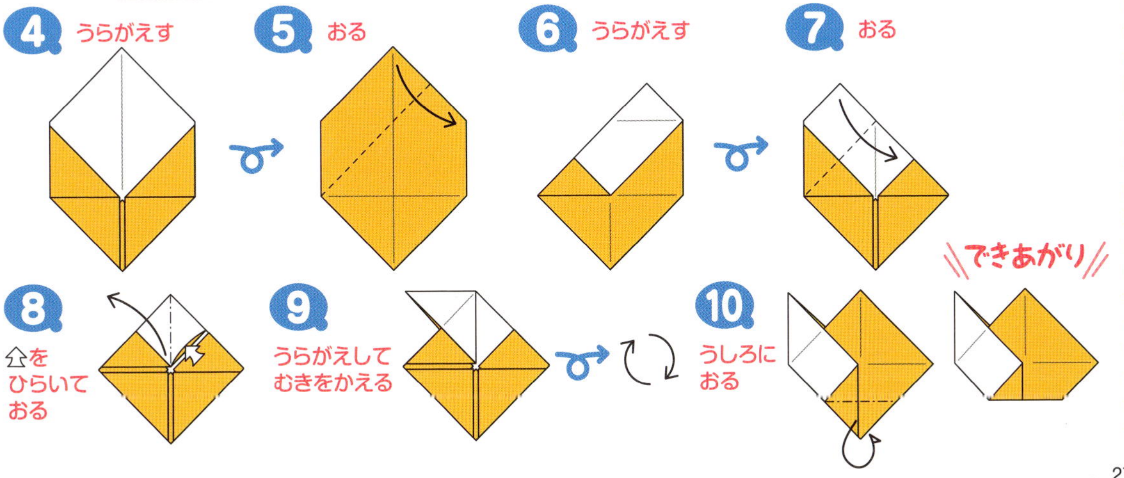

⑥ カタツムリでもっと遊ぼう!!

子どもたちが折ったカタツムリで、たくさん遊べます！ いろいろなもようのカタツムリを楽しみましょう！

カタツムリの大行進！

みんなのカタツムリが元気に大行進！ ウサギちゃんもネズミくんもいっしょに行進だ！

その他の材料
- 色画用紙
- 丸シール
- カラーポリ袋
- キラキラおりがみ

※型紙はP78

製作：おおしだいちこ

でんでんむしむし

『かたつむり』の歌に合わせて、愉快に演じましょう。目玉の動きが楽しいシアターです。

用意するもの
- カタツムリの裏に目玉をはり、折り曲げておく。

指通す輪

1 カタツムリさんがお散歩するよ 楽しくなるように いっしょに歌ってね！

カタツムリを出す。

2 ♪でんでんむしむし〜 ♪つのだせ やりだせ あたまだせ

うたいながら、ゆっくり動かす。「あたまだせ」で指さす。

3 ♪でんでんむしむし カタツムリ〜 ♪つのだせ やりだせ

2番を歌う。保育者の頭や肩なども通る。

4 ♪めだまだせ！ みんなありがとう 楽しかったよ

「めだまだせ」で、目玉出す。

かたつむり
文部省唱歌

1.〜2. でんでんむしむし かたつむり おまえの{あたま/めだま}は どこにある つのだせやりだせ {あたま だせ/めだま だせ}

季節のおりがみ⑤ カタツムリ

カタツムリで せいさく帳

カタツムリを使ったせいさく帳の例です。導入のことばがけ例も参考に、子どもたちのイメージを広げながら楽しみましょう。

ビリビリ葉っぱにちょこん ⭐とてもかんたん

① 色画用紙をアジサイの葉の形にビリビリちぎり、八つ切り画用紙にはる。
② カタツムリをはって、渦を描く。丸シールで目玉をはる。
③ 雨粒をスチロール板でスタンプする。

導入のことばがけ例
カタツムリさんをアジサイの葉っぱにちょこんと乗せてあげよう。雨も降らせてね！

わたし、すてきでしょう！ ⭐かんたん

① カタツムリを、八つ切り画用紙にはる。
② 殻にいろいろな模様を描く。
③ 色画用紙を切ったアジサイと葉をはり、丸シールで小さい花をはる。

導入のことばがけ例
カタツムリさんにいろいろなもようがあったら楽しいよね。どんなもようがいいかな？

カタツムリのお散歩 ⭐ふつう

① 八つ切り色画用紙に、指絵の具でカタツムリの歩いた道を描く。
② カタツムリをはって、渦を描き、目玉を丸シールではる。
③ 三角に切ったビニールテープを周りにはって飾る。

導入のことばがけ例
のんびり、ゆーっくり、カタツムリさんがお散歩するよ。足跡を描いてみよう。

お気に入り！きれいなアジサイ ⭐チャレンジ

① 障子紙を折って絵の具で染め、乾かして楕円に切る。
② ①を八つ切り色画用紙にはり、葉を描く。
③ カタツムリをはり、目、口、渦、雨粒を描く。

導入のことばがけ例
カタツムリさんはどんなところが好きかな？ きれいなアジサイがあったらよろこぶかな？

カタツムリで たくさん遊ぼう!!

子どもたちが折ったカタツムリで、いっぱい遊んでみましょう。のんびりカタツムリさんといっしょに梅雨の時期も楽しみましょう。

ゆったり遊ぼう！ トコトコカタツムリ

① 段ボール箱や空き箱を少し傾けて置く。
② カタツムリ（チャレンジ）を載せて、息を吹きかけて競争する。

みんなで元気に遊ぼう！ カタツムリ鬼ごっこ

① 保育者が鬼になり、子を追いかけ、カタツムリをはる。
② カタツムリをはられた子は、カタツムリになって腰を落として指で角をつくりゆっくり歩く。
③ カタツムリになっていない子にタッチされたら、逃げられる。
④ 全員がカタツムリになったら終わり。

みんなで楽しい！ カタツムリの通り道

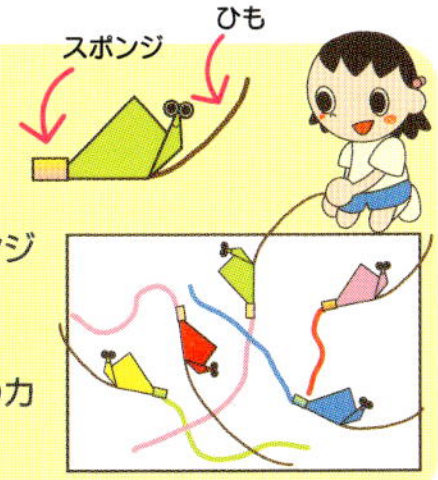

① カタツムリの前にひもを、後ろにスポンジを付ける。
② スポンジに絵の具を染み込ませる。
③ 模造紙の上でお散歩。いろいろな色のカタツムリの通り道ができて楽しい。

スポンジ　ひも
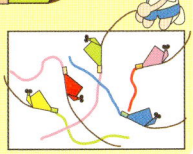

カタツムリの観察日記に うんちは何色？

① 保育者がカタツムリにニンジンやキュウリなどをあげる。最初は何を食べさせたかは伝えない。
② 出たうんちの色と同じカタツムリを子どもたちが折って、表にはる。毎日違ううんちの色になる不思議を感じる。
③ 違いに気づいたら、子どもたちでなぜか話し合う。
④ 子どもが食べ物をあげて、観察する。

29

季節のおりがみ 7
おりひめ・ひこぼし

1年に一度、七夕の夜だけ天の川を渡って会える、おりひめとひこぼし。仲よし笑顔だね。

☆ とてもかんたん　おりひめ・ひこぼし

① たてとよこにおりすじをつける
② まんなかまでおる
かおをかいてできあがり

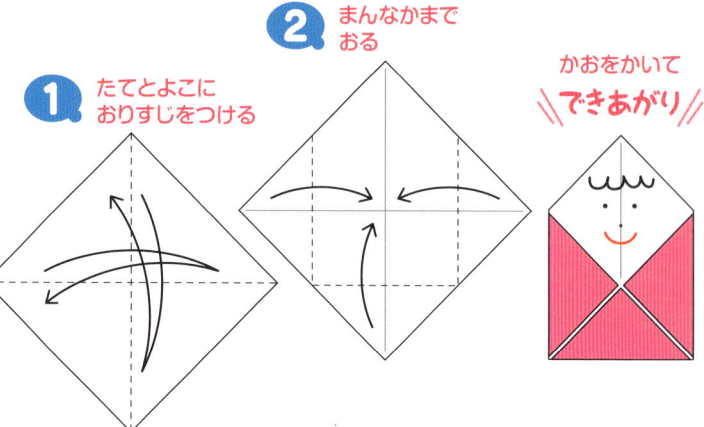

☆ ふつう　おりひめ・ひこぼし

① おりすじをつける 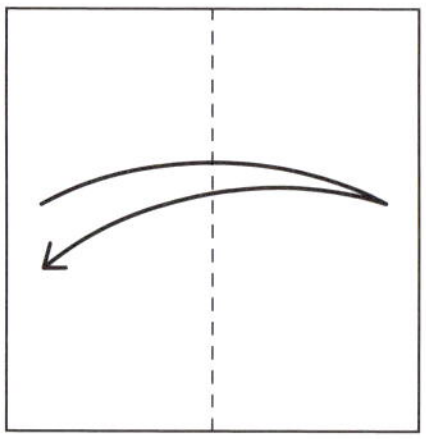
② おりすじをつける
③ かどをおる

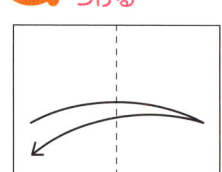

④ まんなかまでおる
⑤ うしろにおる
⑥ ななめにおる
⑦ ☆をひらいておる
⑧ うらがえす
かおをかいてできあがり

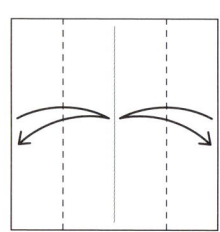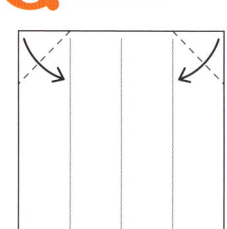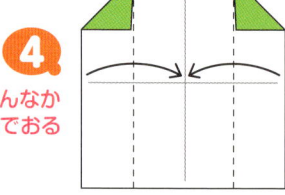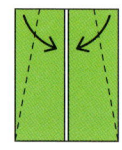

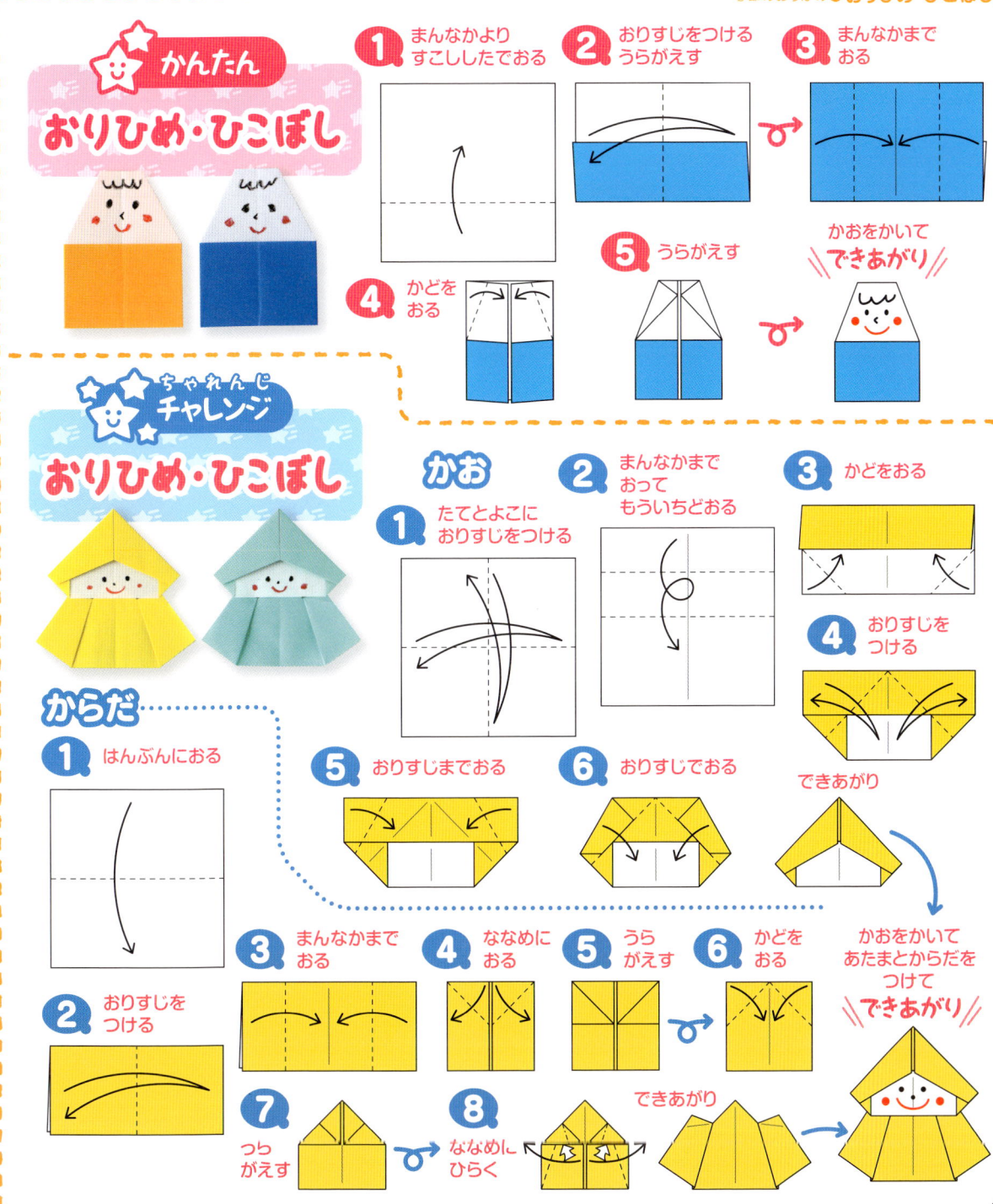

⑦ おりひめ・ひこぼしでもっと遊ぼう!!

子どもたちが折ったおりひめ・ひこぼしで、たくさん遊べます！ 子どもによっていろいろな表情のおりひめ・ひこぼしが登場しますね。

おりひめ・ひこぼしで **壁面**

キラキラ七夕

おりひめとひこぼしが1年に一度出会える七夕の日。お星さまもキラキラ、みんなニコニコうれしいね。

その他の材料
- 色画用紙
- 金色おりがみ
  （星の折り方はP80）
※型紙はP78

製作：みさきゆい

おりひめ・ひこぼしで **シアター**

七夕のお話（クリップシアター）

7月7日の七夕の日だけ会える、おりひめとひこぼしのお話。クリップシアターでかんたんに演じてみましょう。

用意するもの
- おりひめ・ひこぼしの裏側にクリップを付ける。　おりがみの裏側
- 天の川　カラーポリ袋に星をはる。
- カササギ　白色クレヨン　色画用紙をジャバラに折り、おりがみのカササギをはる。後ろの両端にクリップを付ける。
※型紙はP80

1「夜空には、星がたくさんあって『天の川』と呼んでいるの」
天の川の話をする。

2「おりひめとひこぼしがいます」「その川の両端に」
おりひめとひこぼしを出し、肩にそれぞれ留める。

3「カササギという鳥の橋がかかって」「1年に1回だけ」
カササギの橋を広げて、両端をわき辺りに留める。

4「今年も会えるかな？」「2人は会えるの」
おりひめとひこぼしを外し、近づける。

季節のおりがみ❼ おりひめ・ひこぼし

おりひめ・ひこぼしで せいさく帳

おりひめ・ひこぼしを使ったせいさく帳の例です。導入のことばがけ例も参考に、子どもたちのイメージを広げながら楽しみましょう。

お空いっぱいのお星様　とてもかんたん

① おりひめとひこぼしを八つ切り色画用紙にはり、顔を描く。
② 色画用紙にのりを付け、クラフトパンチで抜いた星を上からまいて星空を作る。

導入のことばがけ例
お空いっぱいに、星を降らせてみようね。おりひめとひこぼしもにっこりうれしくなるよ。

ポンポンお星様　ふつう

① 八つ切り色画用紙に、おりひめとひこぼしをはって、顔を描く。
② 星型（3種類くらい）に抜いた厚紙で、たんぽでステンシルをして、星を散りばめる。

導入のことばがけ例
おりひめとひこぼしが喜ぶように、お星様いっぱいにしよう！

キラキラ七夕の魔法　チャレンジ

① 八つ切り画用紙に、星や天の川を描く。
② 上から紺色や黒色の絵の具ではじき絵をする。
③ 乾いたら、おりひめとひこぼしをはり、顔を描く。

導入のことばがけ例
絵の具を塗ると、七夕の魔法で星空が浮かんでくるよ！

ふんわり天の川　かんたん

① 画用紙に水性フェルトペンで、星や天の川を描く。
② 霧吹きでにじませて乾かす。
③ おりひめとひこぼしをはり、顔を描く。

導入のことばがけ例
いろいろな色のお星様があるんだよ。何色にしようかな？

おりひめ・ひこぼしで たくさん遊ぼう!!

子どもたちが折ったおりひめとひこぼしで、いっぱい遊んでみましょう。七夕のお話にちなんだゲームも楽しいですよ。

ゆったり遊ぼう！ 指人形で劇ごっこ

① おりひめとひこぼしを指にはり、指人形にする。
② 七夕の絵本を読んだあとなどに、おりひめとひこぼしになりきって、ごっこ遊びをする。

作って遊ぼう！ 短冊を作ろう

① 保育者が短冊に願い事を書く（文字を書ける子どもは自分で書く）。
② おりひめやひこぼしをはる。
③ ササに飾ったり、その後に持ち帰ったりする。

2人で遊ぼう！ せーので、会えるかな？

① 紺色のバンダナなどの天の川に見立てた布の下に、おりひめとひこぼしをいくつか置く。
② 手探りで好きなものを選び、「せーの」で天の川の上に出す。
③ おりひめとひこぼしのペアになったらOK。繰り返して遊ぶ。

みんなで遊ぼう！ おりひめ・ひこぼし、だーれだ！

① 子どもの背中に、おりひめかひこぼしをはる。
② BGMを流して、止まったらペアを作る。
③ 見せ合いっ子して、おりひめとひこぼしならOK。繰り返して遊ぶ。

季節のおりがみ⑧ ふね

川や海をふねが進むよ。どこに行こうかな？
かっこいいふねを折ってみよう！

とてもかんたん ふね

1. さんかくにおる 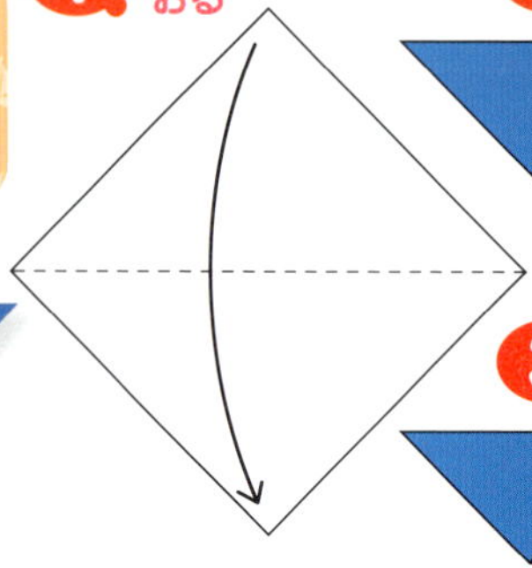
2. おる 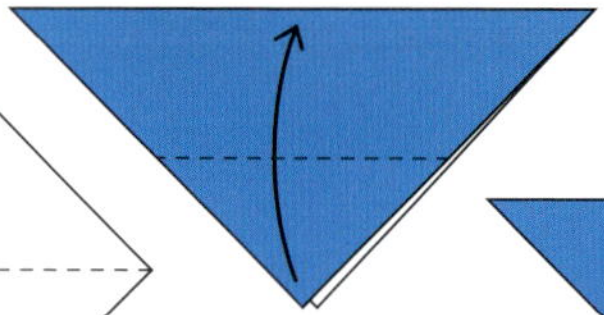
3. うらがえす

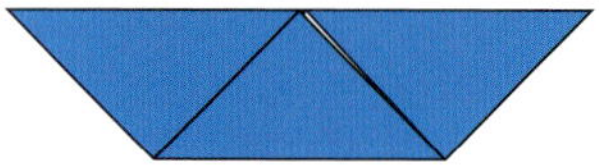

できあがり

ふつう ふね

1. はんぶんにおる 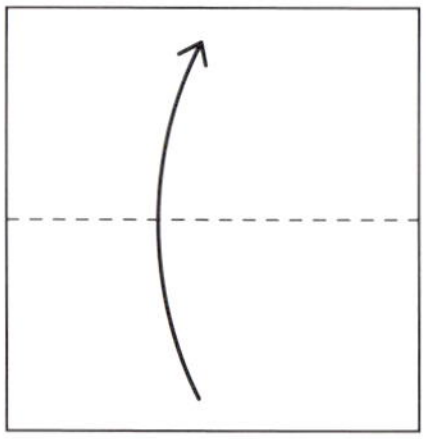
2. おりすじをつける 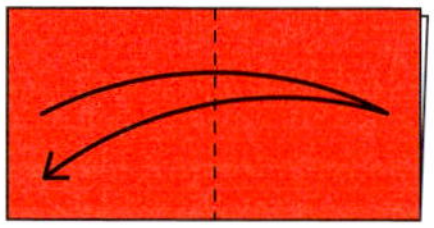
3. まんなかまでおる 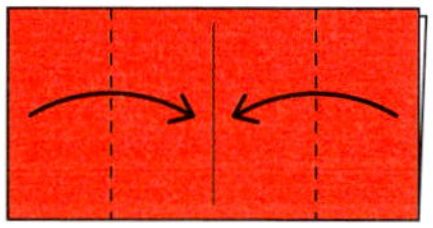
4. ▷◁をひらいておる 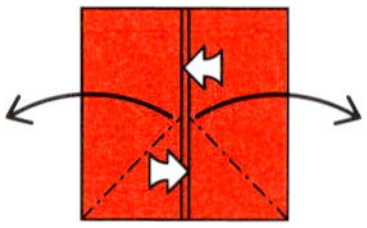
5. うらがえす 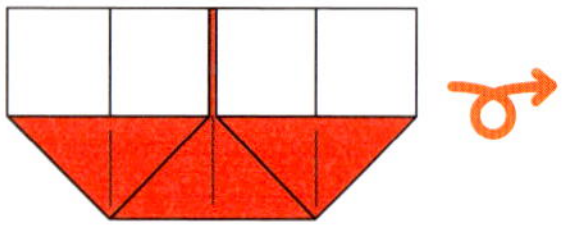
6. 1まいだけいちどおってもういちどおる 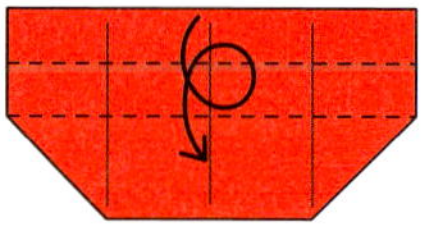
7. うらがえす 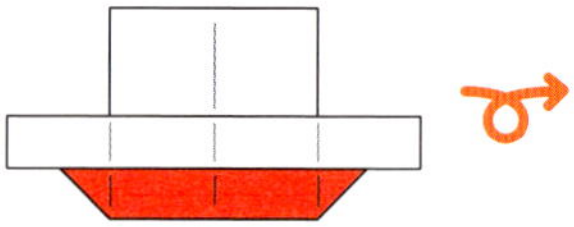
8. かどをおる 
9. ひだりがわをしかくにみぎがわはさんかくにおる 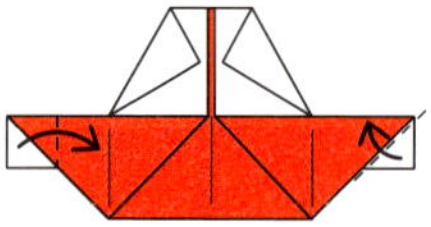
10. かいだんおりするうらがえす

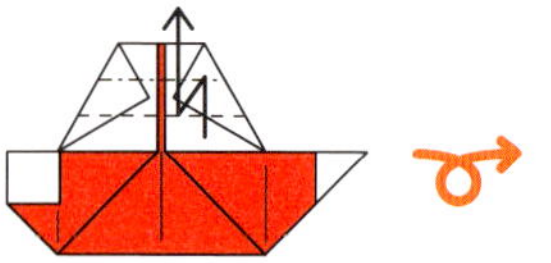

できあがり

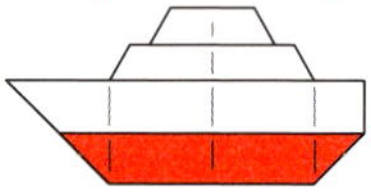

かんたん ヨット

1 たてとよこに おりすじをつける

2 かどをおる

3 おる

4 いちまいだけ おる

5 かどをうしろに おる

できあがり

ちゃれんじ チャレンジ 伝承 だまし舟

1 おりすじを つける

2 まんなかまで おる

3 うしろに おる

4 かどをおる

5 うらがえす

6 ⇨⇦を ひらいておる

7 うらがえす

8 ⇨⇦を ひらいておる

9 うしろを おろす

10 うえにおる

11 うらがえす

12 ななめにおる

できあがり

●次のページに、ふねを使った遊びをたくさん紹介しています!➡

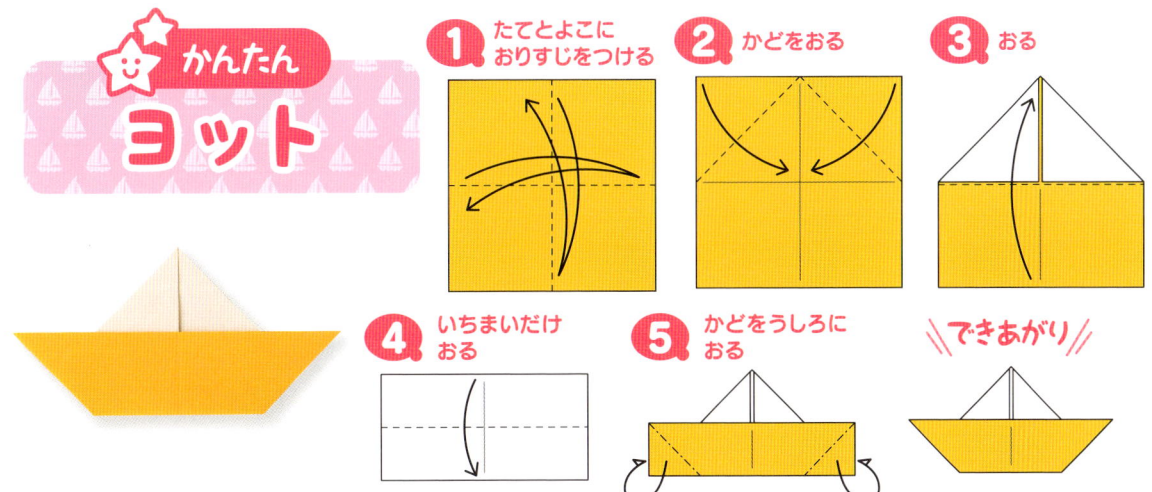

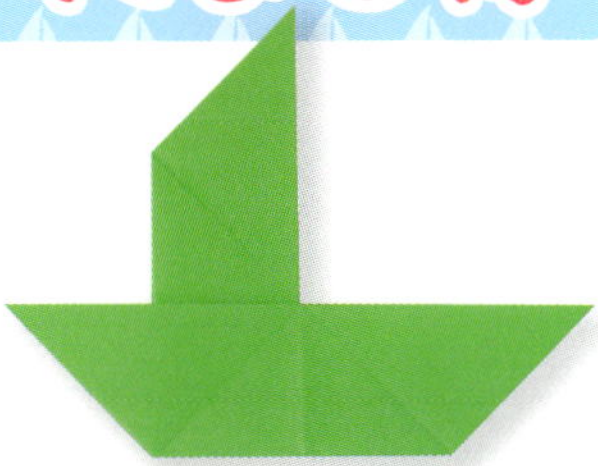

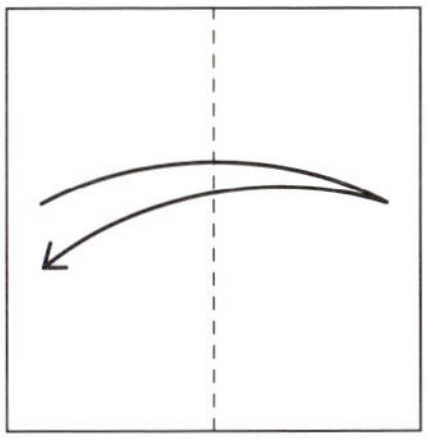

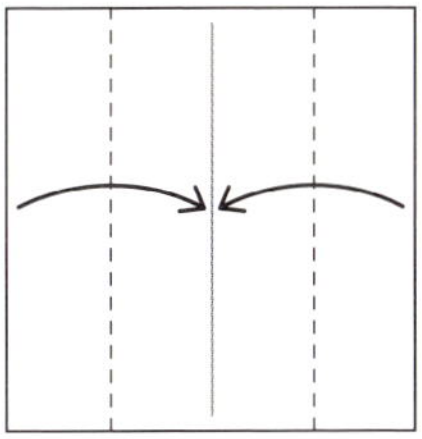

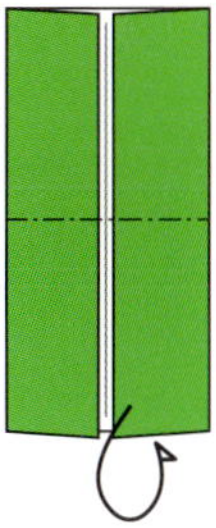

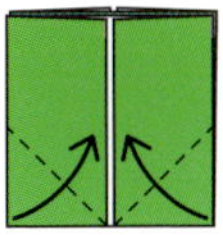

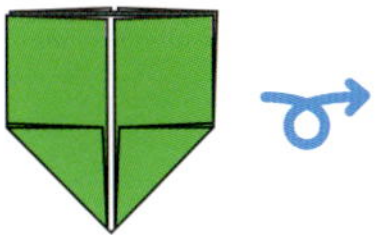

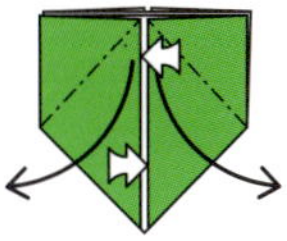

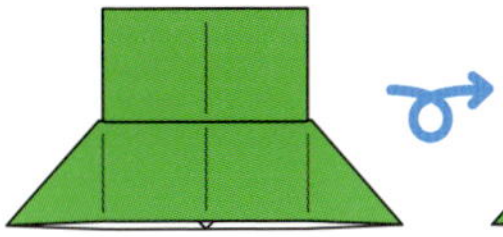

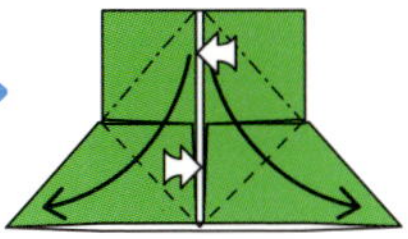

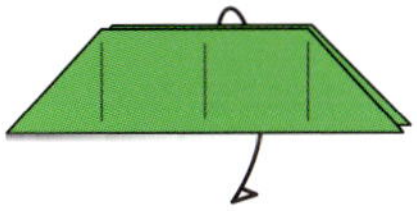

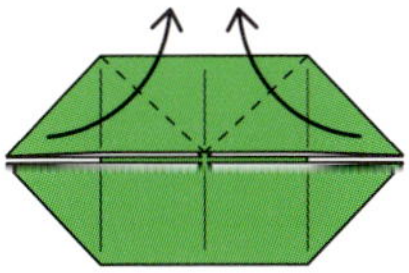

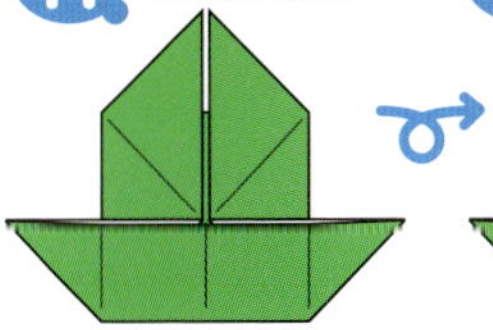

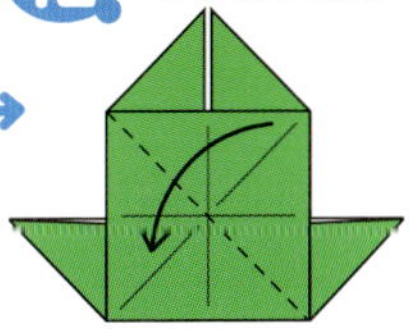

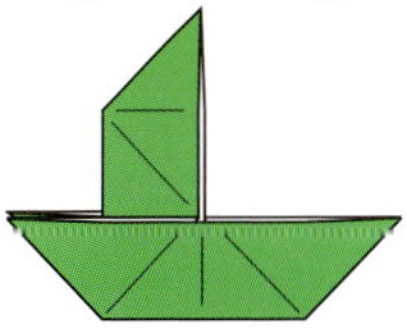

⑧ ふねでもっと遊ぼう!!

子どもたちが折ったふねで、たくさん遊べます！ 色とりどりのふねがたくさん登場し、楽しくなりますよ！

ふねで **壁面**

ふねでGO！大冒険の始まりだ！

たくさんのふねが大冒険へ出発！ 広い海の向こうには何が待っているのかな？ ドキドキワクワク、楽しみだね。

その他の材料
- 色画用紙
- 紙テープ
- オーロラおりがみ

※型紙はP78

製作：おおしだいちこ

ふねで **シアター**

ふねはいくつ？

スズランテープとおりがみでかんたんにできるクイズシアター。繰り返し遊べます。

用意するもの
- スズランテープにふねをはり、両端に割りばしを付ける。

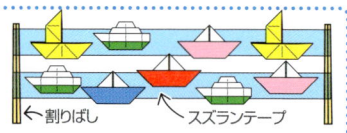

1 海に舟がやってきた話をする。

2 舟を付けたスズランテープを出して動かす。

3 隠して、問いかける。

4 正解を出す。問題の色を変えたり、数を変えたりして繰り返し遊ぶ。

季節のおりがみ ❽ ふね

ふねで せいさく帳

ふねを使ったせいさく帳の例です。導入のことばがけ例も参考に、子どもたちのイメージを広げながら楽しみましょう。

ゆったり おふねに乗ろう！ ☆とてもかんたん

① 八つ切り色画用紙にふねをはり、丸シールをはって模様を付ける。
② ふねの上に、色画用紙で切った顔と体をはり、顔を描く。
③ 水面を描き、色画用紙で切った魚をはり、目を描く。

導入のことばがけ例：おふねに乗っているのは、だれかな？

船に乗って、魚釣りをしよう！ ☆かんたん

① 八つ切り色画用紙に、魚を描き、絵の具で海を塗る。
② ふねをはって、もようを描く。
③ 色画用紙で切った顔と体をはり、顔や釣りざおを描く。

導入のことばがけ例：どんなお魚が釣れるかな？

豪華な船で、大旅行！ ☆ふつう

① 八つ切り画用紙に、船をはり、船の模様を描く。
② スチロールスタンプでサカナやカモメをスタンプし、目や模様を描く。

導入のことばがけ例：模様を描いてかっこいい船にしよう！

舟がトビウオに変身！ ☆チャレンジ

① だまし舟を八つ切り画用紙にはる。
② 舟とトビウオの模様を描く。
③ だまし舟に乗っている自分や友達、周りの景色を描く。

ここを折ると…

導入のことばがけ例：あれ？ ここを折ると…。舟をトビウオに変身させよう！

ふねで たくさん遊ぼう!!

子どもたちが折ったふねで、いっぱい遊んでみましょう。水を感じたいこの時期、大きな海を想像して元気に遊びましょう！

水遊びをしよう！ 海に浮かべよう！

① 小さく切った発泡トレイにふねをはる。
② タライに水を入れ、ふねを浮かべる。
③ ストローで吹いたり、うちわであおいで進ませるとさらにおもしろい。

競争しよう！ どこまで進むかな？

① 海に見たてた色画用紙を床に敷く。
② ふね（とてもかんたん、チャレンジ）をシュッと滑らせて遊ぶ。
③ いちばん遠くまで滑らせたふねの勝ち。
④ 波に見たててスズランテープをはって、障害物にしても楽しい。

息を合わせて！ 船旅リレー

色画用紙・ビニールテープ

① 段ボールを切って、色画用紙をはり、ポイを作って海に見たてる。
② チームに分かれて、ポイに乗せたふねをバトンにしてリレーをする。
③ ゴールを港として、早く港にたどりついたふねのチームが勝ち。

みんなで遊ぼう！ 海賊船がやってきた！

① 新聞紙や模造紙など大きな紙でふねを作り、保育者の海賊船とする。
② 子どもは、通常サイズのおりがみで折ったふねをあおいでゴールを目ざす。
③ 時間差で、海賊船がスタートする。
④ 子どもたちは、海賊船に抜かされないように、ゴール（港）までたどりつけるかな？

37

季節のおりがみ ⑨ さかな

海の中には、いろんなさかなが泳いでいるよ。
どんな色かな？ どんな模様かな？

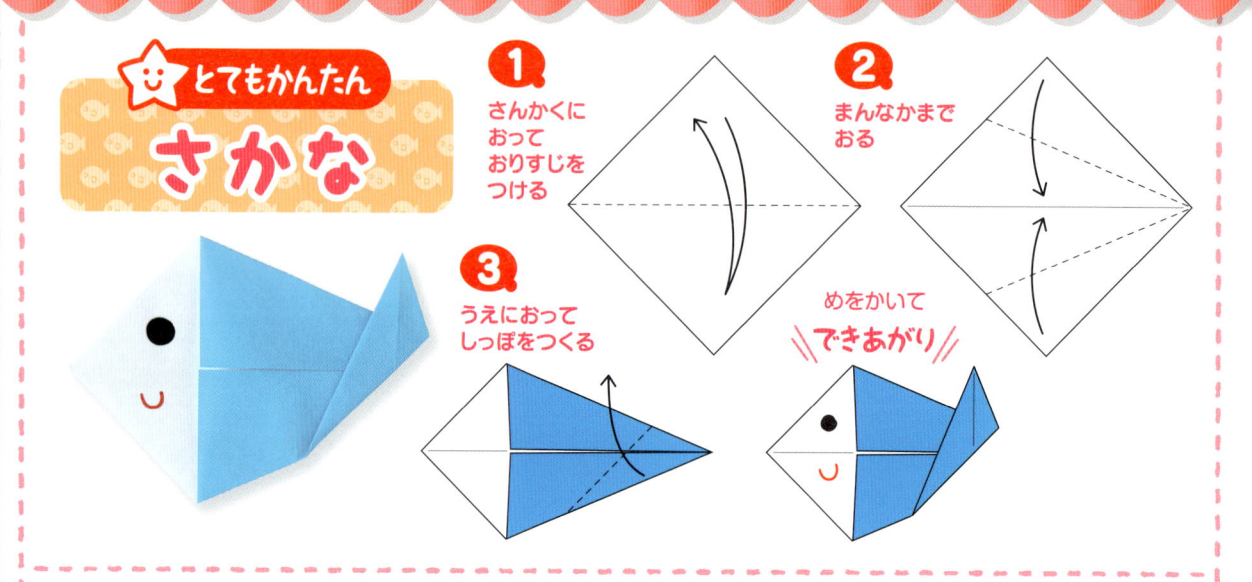

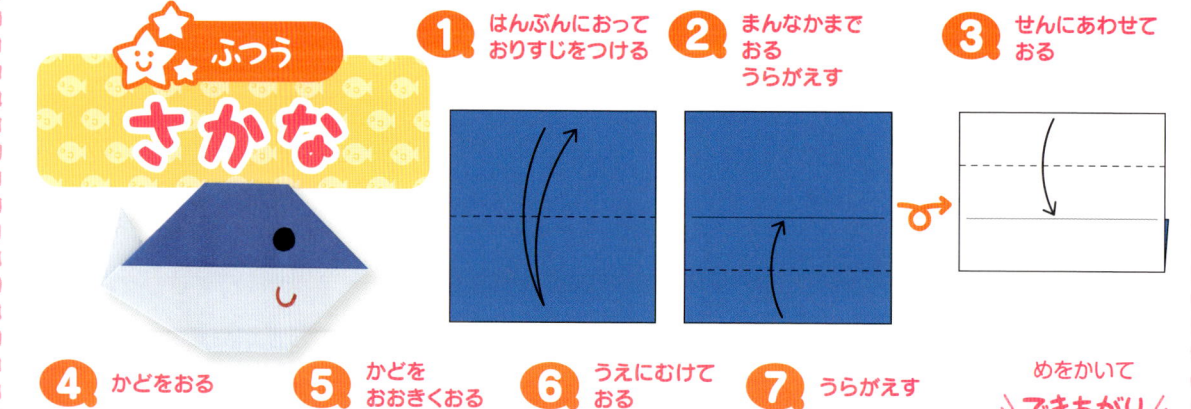

|☆ とてもかんたん|☆ かんたん|☆ ふつう|☆ チャレンジ|

☆ とてもかんたん さかな

1 さんかくにおっておりすじをつける

2 まんなかまでおる

3 うえにおってしっぽをつくる

めをかいて できあがり

☆ ふつう さかな

1 はんぶんにおっておりすじをつける

2 まんなかまでおる うらがえす

3 せんにあわせておる

4 かどをおる

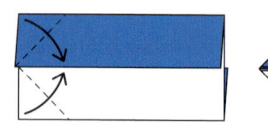

5 かどをおおきくおる

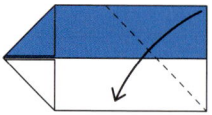

6 うえにむけておる

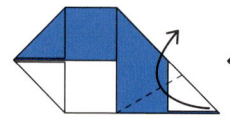

7 うらがえす

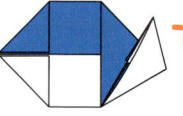

めをかいて できあがり

38

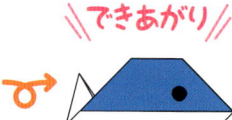

季節のおりがみ ⑨ さかな

★ かんたん さかな

1. さんかくにおる
2. はんぶんにおる
3. まんなかまでおる
4. ななめのかみにあわせておる
5. うらがえす

めをかいてできあがり

★ チャレンジ さかな

1. たてにおりすじをつける
2. まんなかのせんにあわせておる
3. うしろにおる
4. かどをおる
5. うらがえす
6. ⋈をひらいておる
7. うらがえす
8. ⋈をひらいておる
9. うしろにおろす
10. うえとしたにおる
11. したにおる
12. さんかくをうえにおる
13. うえのかみにあわせておる
14. うえのさんかくをさげる
15. まんなかにあわせる
16. うらがえす

めをかいてできあがり

●次のページに、さかなを使った遊びをたくさん紹介しています！➡

39

⑨ さかなでもっと遊ぼう!!

子どもたちが折ったさかなで、たくさん遊べます！ 子どもたちのそれぞれのさかなたちができて、楽しくなりますよ！

さかなで 壁面

いっしょに泳ごう！さかなトンネル

カラフルなおさかなさんたちが、トンネルでお出迎え！いっしょに泳ぐと楽しいね！

その他の材料
- 色画用紙

※型紙はP78

製作：いとうえみ

さかなで シアター

さかなはねちゃった

「さかながはねて」の歌詞に合わせて、ペープサートをくっつけて遊びます。子どもは同時に手遊びをするとさらに楽しいです。

用意するもの
- さかなに割りばしを付ける。

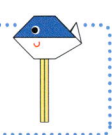

1 さかなちゃんが元気にはねるよ みんないっしょにやってね ♪さかながはねて

さかなを出す。

2 ♪ビョーン あたまにくっついた (ぼうし)

歌に合わせて、さかなを頭にくっつける。

3 ♪ビョーン おめめにくっついた (メガネ)

歌に合わせて、さかなを目にくっつける。

4 ♪ビョーン おくちにくっついた (マスク)

歌に合わせて、さかなを口にくっつける。いろいろなところに付けて繰り返し遊ぶ。

さかながはねて
作詞・作曲／中川ひろたか

季節のおりがみ ⑨ さかな

さかなで せいさく帳

さかなを使ったせいさく帳の例です。導入のことばがけ例も参考に、子どもたちのイメージを広げながら楽しみましょう。

カニさんといっしょ！ ★とてもかんたん

① 八つ切り色画用紙にさかなをはり、丸シールで目や口をはる。
② 手形を押した画用紙を切り取って①にはり、目や口をはる。
③ 周りに色画用紙を切ったコンブやヒトデなどをはる。

導入のことばがけ例：海を泳いでいたら、カニさんに出会ったよ。いっしょに遊ぼう！

いっしょに泳ごう！ ★かんたん

① 八つ切り色画用紙に絵の具で波を描き、切り込みを入れる。
② ①にさかなと、画用紙に描いて切り取った自分や動物を差し込む。波に揺れて、出したり、入れたりして遊ぶ。

導入のことばがけ例：波に乗っておさかなさんたちといっしょに泳ごう！

おさかな潜水艦 ★ふつう

① 円形に切った画用紙に自分の絵を描き、さかなにはる。もうひとつのさかなに顔を描く。
② 八つ切り色画用紙に、フェルトペンでさかななどを描いて、発泡シートをはる。
③ ②に①をはる。

導入のことばがけ例：さかなの形の潜水艦に乗って、海を潜るよ。どんなおさかなさんがいるかな？

すてきなおさかなさん、集まれ〜！ ★チャレンジ

① 絵の具を八つ切り色画用紙の上辺に落とし、色画用紙を立てて絵の具を流す。
② ①に色画用紙を切った海底の砂やサンゴをはり、スズランテープで作ったイソギンチャクをはる。
③ ②にさかなをはり、顔や模様を描く。

導入のことばがけ例：海の中にはきれいなおさかなさんたちがいっぱいだよ！

さかなで たくさん遊ぼう!!

子どもたちが折ったさかなで、いっぱい遊んでみましょう。色とりどりのさかなたちにわくわくが膨らみます。

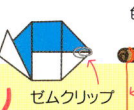

じょうずにできるかな？ わくわくさかなつり

① さかなの口元にゼムクリップをはる。
② 巻いた色画用紙の先にたこ糸をくくり付け、その先に磁石を付ける。
③ ②でさかなを釣る。

（色画用紙を巻く／ゼムクリップ／たこ糸／じしゃく／カラーポリ袋）

ごっこ遊びをしよう！ おさかなバス

① 画用紙に自分や動物の絵を描いて、切り取る。
② さかな（ふつう）に①を差し込み、ブロックなどで停車駅を作り、海のバスの旅ごっこをする。

変化が楽しい！ うちわでクルクル

海を泳ぐよ！
① うちわ片面に海そうや岩などを、もう片面にさかなをはる。
② 両手で挟んでクルクル回す。海で泳いでいるように見える。

こんにちは！
① うちわ両面にさかなを、図の位置にはる。
② 両手ではさんでクルクル回す。1匹ずつのさかなが、離れたりくっついたりして見える。

持ち手が丸いものだと回しやすい

みんなで遊ぼう！ さかなバスケット

① 3色のなかから好きな色を選んで折ったさかなをクラフトテープなどで胸にはる。
② イスを内側に向けて並べ、ひとりが「○色！」と言う。
③ ○色のさかなの子どもは、さかなのポーズで移動して空いている席に座る。
④ ②③を繰り返す。

あか！

季節のおりがみ⑩ キノコ

秋のキノコたちは元気いっぱい！
いろんな色やいろんな形のキノコを折ってみよう！

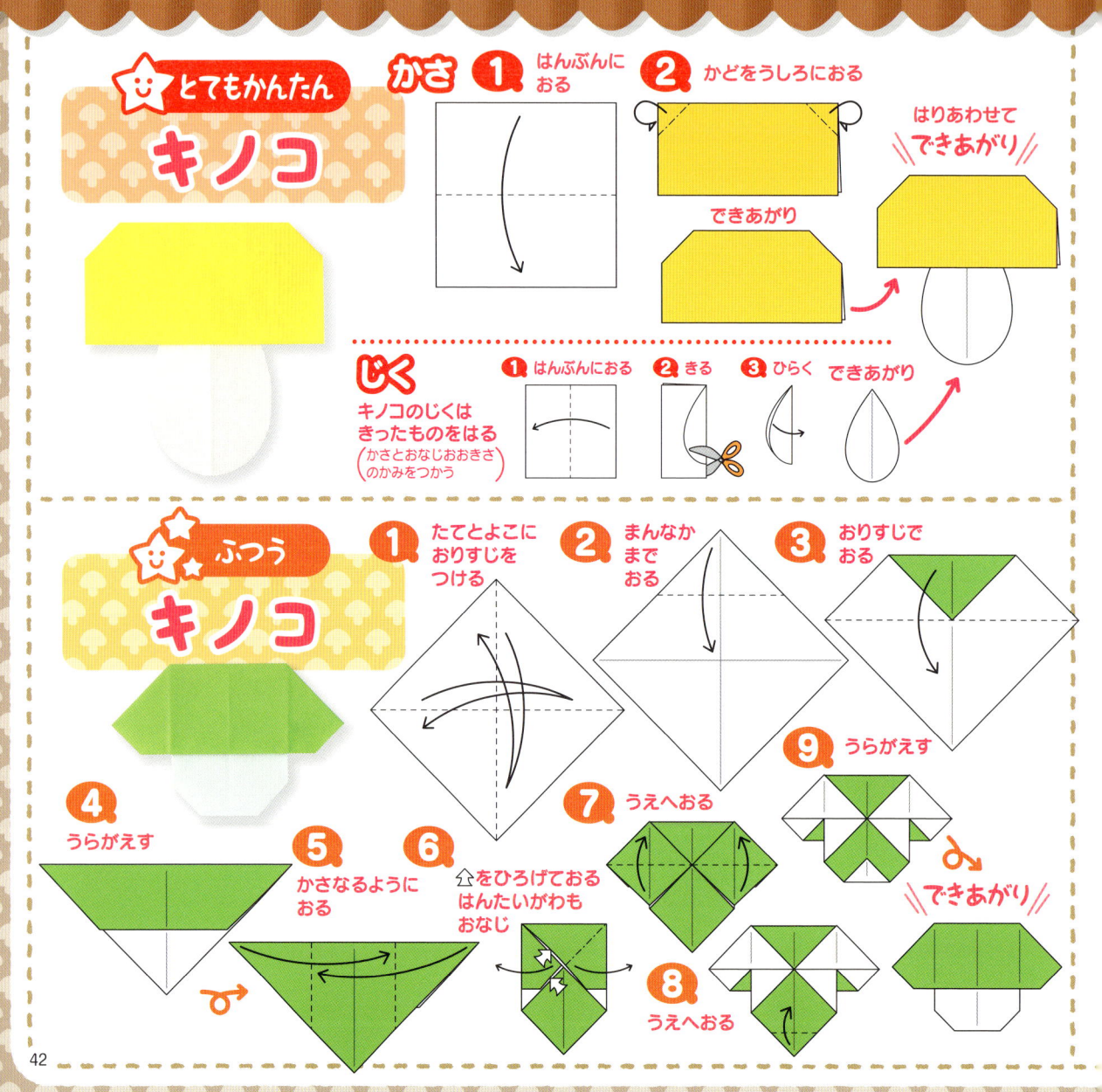

★ とてもかんたん → ★ かんたん → ★ ふつう → ★ チャレンジ

とてもかんたん キノコ

かさ
1. はんぶんにおる
2. かどをうしろにおる
   できあがり
   はりあわせてできあがり

じく
キノコのじくはきったものをはる
（かさとおなじおおきさのかみをつかう）
1. はんぶんにおる
2. きる
3. ひらく
   できあがり

ふつう キノコ

1. たてとよこにおりすじをつける
2. まんなかまでおる
3. おりすじでおる
4. うらがえす
5. かさなるようにおる
6. ⇧をひろげておるはんたいがわもおなじ
7. うえへおる
8. うえへおる
9. うらがえす
   できあがり

42

季節のおりがみ⑩ キノコ

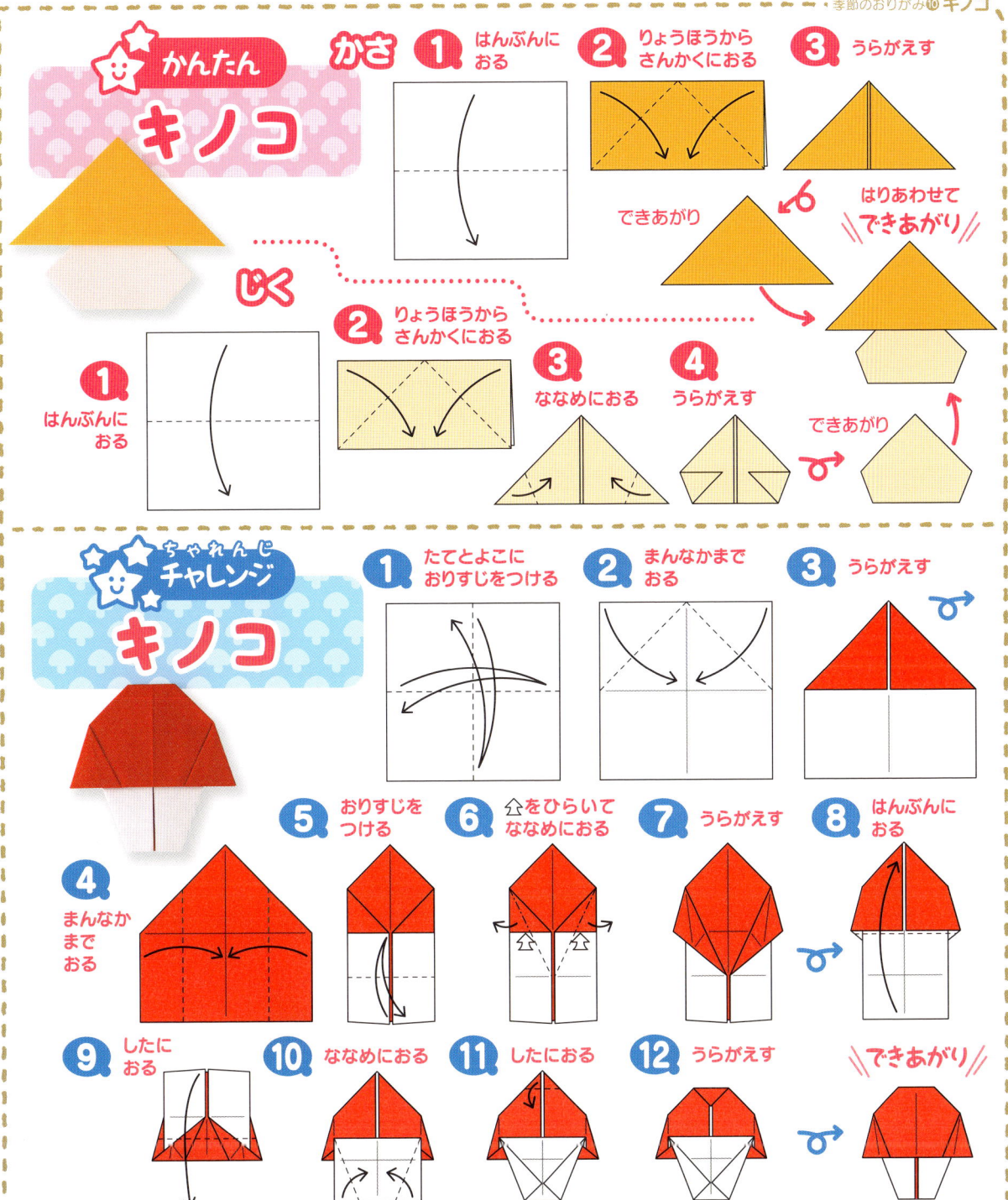

かんたん キノコ

かさ
1. はんぶんにおる
2. りょうほうからさんかくにおる
3. うらがえす

できあがり

はりあわせてできあがり

じく
1. はんぶんにおる
2. りょうほうからさんかくにおる
3. ななめにおる
4. うらがえす

できあがり

チャレンジ キノコ

1. たてとよこにおりすじをつける
2. まんなかまでおる
3. うらがえす
4. まんなかまでおる
5. おりすじをつける
6. ⇧をひらいてななめにおる
7. うらがえす
8. はんぶんにおる
9. したにおる
10. ななめにおる
11. したにおる
12. うらがえす

できあがり

●次のページに、キノコを使った遊びをたくさん紹介しています！➡

⑩ キノコでもっと遊ぼう!!

子どもたちが折ったキノコで、たくさん遊べます！ いろいろなもようのキノコたちに楽しさが膨らみますよ。

キノコで壁面

わくわくキノコ狩り！

かわいいキノコがいっぱい！
みんなでキノコ狩りをしよう！
どんなキノコがあるかな？

その他の材料
- 色画用紙
- ※型紙はP78

製作：とりうみゆき

キノコでシアター

何色キノコ？

『おちたおちた』のメロディに合わせて、出た色に合わせてみんなでポーズをしましょう。
赤色：元気もりもりキノコ、青色：にっこりキノコ、黄色：びっくりキノコ

用意するもの
- 4枚はり合わせて折った赤色、青色、黄色のキノコに割りばしをはる。

赤 元気もりもりキノコ
黄 びっくりキノコ
青 にっこりキノコ

1 キノコポーズをやってね！
キーノコ キノコ 何色キノコ
歌に合わせて拍手をする。

2 元気もりもりポーズ
あかいろキノコ アッ!!
赤色キノコを出して、元気もりもりポーズをみんなでする。

3 にっこりポーズ
あおいろキノコ アッ!!
❶の歌を繰り返し、青色キノコを出して、にっこりポーズをみんなでする。

4 びっくりポーズ!!
きいろキノコ アッ!!
❶の歌を繰り返し、黄色キノコを出して、びっくりポーズをみんなでする。ランダムに色を変えて遊ぶ。

おちたおちた
（わらべうた）の替え歌

Am
キ ノ コ キ ノ コ な に いろ キ ノ コ　あかいろ／あおいろ／きーいろ　キ ノ コ　アッ!

季節のおりがみ⑩ キノコ

キノコで せいさく帳

キノコを使ったせいさく帳の例です。導入のことばかけ例も参考に、子どもたちのイメージを広げながら楽しみましょう。

キノコ狩りに出発！

導入のことばかけ例
キノコ狩りに行こう！どんなキノコがあるかな？

① 八つ切り色画用紙にキノコをはり、顔を描いたり、丸シールで模様をはる。
② 周りに色画用紙を切った木をはったり、絵を描いたりする。

★ とてもかんたん

こんなキノコがとれたよ！

① 八つ切り画用紙にキノコをはり、指スタンプで模様を付ける。
② 顔を描き、キノコを囲むようにカゴを描く。

★ かんたん

導入のことばかけ例
キノコさんたちを仲よくカゴに入れてあげようね。

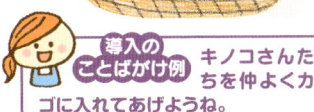

落ち葉のじゅうたん

導入のことばかけ例
落ち葉のじゅうたんを作ってあげよう。

① 八つ切り色画用紙にキノコをはり、顔を描く。
② 段ボールスタンプで、キノコの模様と落ち葉をスタンプする。

★ ふつう

キノコの森はどんな森？

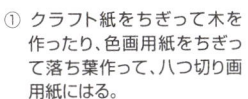

★ チャレンジ

① クラフト紙をちぎって木を作ったり、色画用紙をちぎって落ち葉作って、八つ切り画用紙にはる。
② ①にキノコをはり、模様を描く。

導入のことばかけ例
キノコはどこにはえているかな？ キノコの森を作ってみよう！

キノコで たくさん遊ぼう!!

子どもたちが折ったキノコで、いっぱい遊んでみましょう。キノコのかわいい形は、ますますたくさん折ってみたくなりますよ。

当てっこしよう！ いくつあるかな？

① 保育者が手のひらの上にキノコをいくつか重ね、もう片方の手のひらをふたをするように重ねて、隠す。
② 手の中にいくつキノコが隠れているか、当てっこする。キノコが手のひらからちょっとはみ出てても盛り上がる。

どこにあるかな？ いろいろキノコ見っけ！

① いろいろなキノコを壁面として飾る。
② 保育者が「赤のキノコはどこかな？」とお題を出す。子どもが探して指差す。
③ 「○こ、あったよー」と個数を発表したり、キノコに子どもの名前を書いていれば、友達のキノコを探したりしても盛り上がる。

手探りが楽しい！ キノコを探せ！ゲーム

① クシャクシャに丸めた新聞紙やシュレッダーにかけた色画用紙などの下に、キノコを隠す。
② 森の中のキノコを手探りで探す。いろいろな色のキノコをたくさん隠して、たくさん見つけると盛り上がる。

みんなで遊ぼう！ ハッピーキノコ落とし

① 円になり、内側を向いて座る。
② 鬼がハッピーキノコを持ち、円の外側を回り、ハッピーキノコをだれかの後ろに置く。
③ 置かれたことに気づいた子は、鬼を追いかけ「ハッピーキノコ」と言ってタッチする。鬼はタッチされたら再び鬼になる。
④ 鬼がタッチされる前に空いているところに座れたら、次の子が鬼になる。
⑤ 置かれたことに気づかず、鬼にタッチされたら次の鬼になる。

45

季節のおりがみ 11 ドングリ

秋になるとドングリがいっぱい落ちてくるよ。
コロコロ転がるドングリさん。どんなドングリさんがいるのかな？

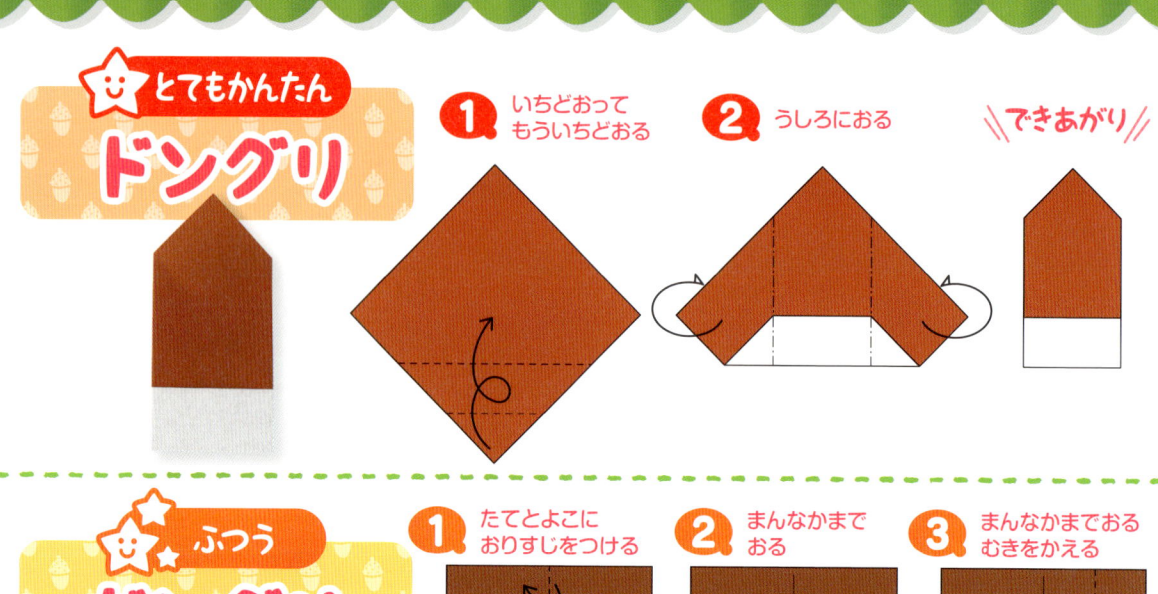

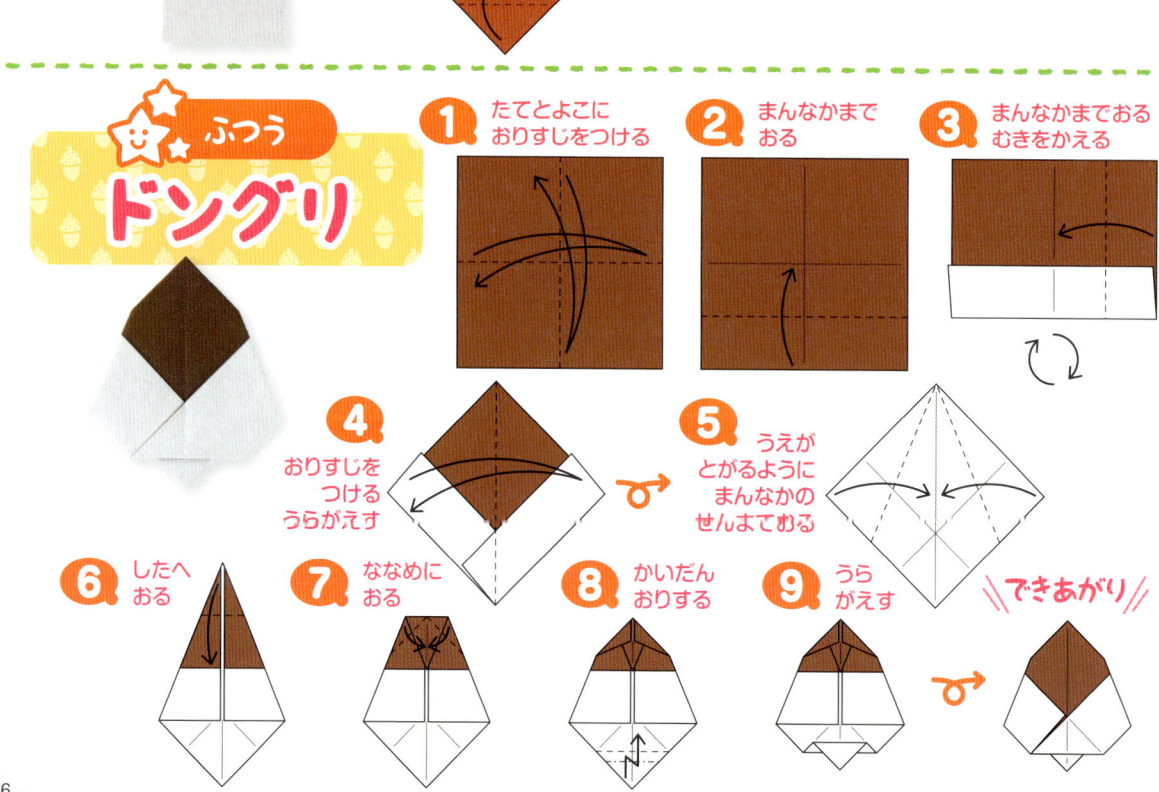

とてもかんたん ドングリ

1. いちどおってもういちどおる
2. うしろにおる

できあがり

ふつう ドングリ

1. たてとよこにおりすじをつける
2. まんなかまでおる
3. まんなかまでおるむきをかえる
4. おりすじをつけるうらがえす
5. うえがとがるようにまんなかのせんでおる
6. したへおる
7. ななめにおる
8. かいだんおりする
9. うらがえす

できあがり

46

季節のおりがみ ⑪ ドングリ

★ かんたん ドングリ

1. しろいところをすこしのこしておる
2. はんぶんにおりすじをつけるうらがえす
3. まんなかのせんまでおる
4. りょうがわをおる
5. うらがえす

できあがり

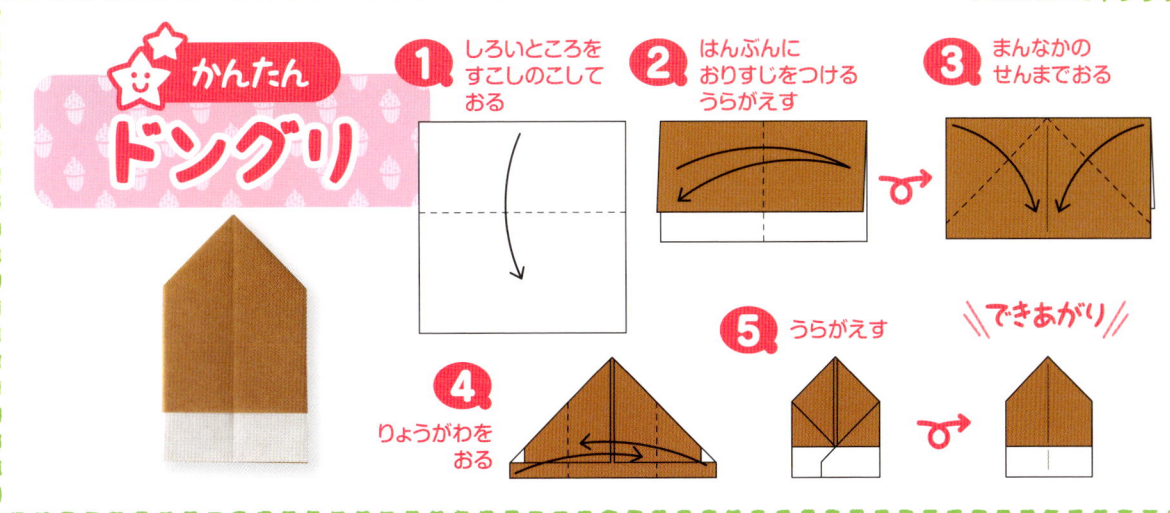

★★ チャレンジ ドングリ

1. たてとよこにおりすじをつける
2. まんなかまでおっておりすじをつける
3. おりすじまでおる
4. おりすじでおる
5. うらがえす
6. まんなかまでおる
7. まんなかまでおる
8. ☆をひろげておる
9. まんなかまでおる
10. かいだんおりする
11. うらがえす

できあがり

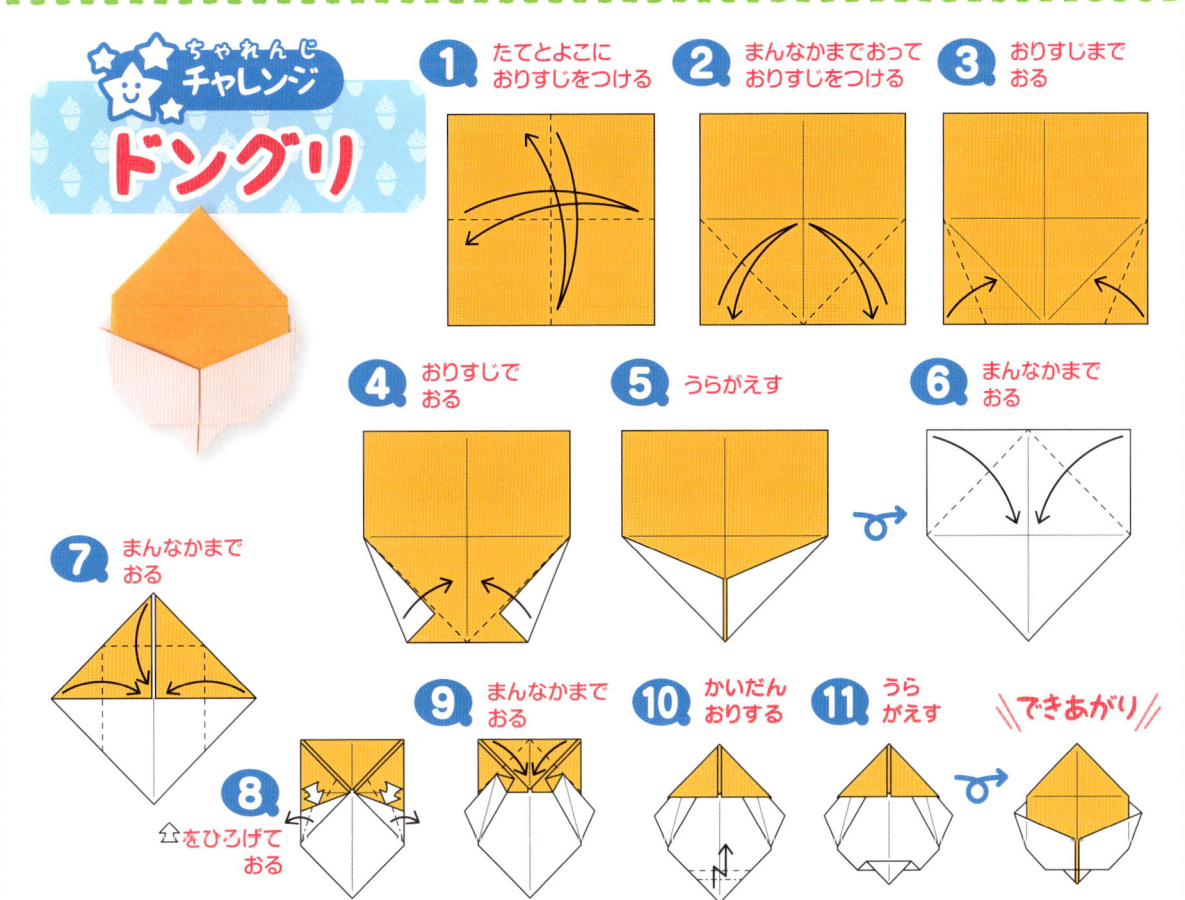

●次のページに、ドングリを使った遊びをたくさん紹介しています！➡

47

⑪ ドングリでもっと遊ぼう!!

子どもたちが折ったドングリで、たくさん遊べます！ いろいろな顔のドングリさんに、思わずほほ笑んでしまいますよ。

ドングリで 壁面

ドングリさんの音楽会

ドングリさんと森の動物たちのすてきな音楽会が始まりましたよ！ みんなで歌うと楽しいね！

その他の材料
- 色画用紙
※型紙はP79

製作：おおしだいちこ

ドングリで シアター

ドングリさんのコロコロ鬼ごっこ

ドングリを指人形にして鬼ごっこ。つかまらないように、コロコロ逃げましょう。

用意するもの
- ⭐とてもかんたん ⭐かんたん のドングリの後ろをセロハンテープで留めて、間に指を入れる。

1 わたしはドングリちゃん / ぼくドングリくん / 鬼ごっこして遊びましょう！
ドングリくんとドングリちゃんの紹介をする。

2 キャーにげなきゃ〜 / ぼくが鬼をするよ 待て〜 / コロコロコロ
ドングリくんが鬼になり、追いかける。

3 待て〜 / キャー
いろいろな方向に動かす。

4 つかまえた！タッチ！/ つかまっちゃった！今度はわたしが鬼ね！/ ゴロゴロゴロ
ドングリくんが追いつき、ドングリちゃんにタッチ。繰り返して遊ぶ。

48

季節のおりがみ⑪ドングリ

ドングリで せいさく帳

ドングリを使ったせいさく帳の例です。導入のことばがけ例も参考に、子どもたちのイメージを広げながら楽しみましょう。

とてもかんたん

ドングリの仲よしブランコ

① 八つ切り画用紙に、色画用紙を切ったブランコをはり、ロープを描く。
② ①にドングリをはり、顔を描く。
③ まわりに色画用紙で切った葉をはり、段ボールスタンプで模様を付ける。

導入のことばがけ例
ドングリさんたちが仲よくブランコに乗りたいって！

ドングリさんの相撲大会

かんたん

① 八つ切り画用紙に、色画用紙を切った土俵をはり、模様を描く。
② ①にドングリをはり、パスで顔を描く。
③ スチロールスタンプを周りに押す。

導入のことばがけ例
ドングリさんたちが相撲をとるよ。はっけよーい、のこったのこった！どっちが勝つかな？

ドングリコロコロ運動会

ふつう

① 八つ切り色画用紙に、地面を描く。
② ①にドングリをはり、顔を描く。
③ 三角に切ったおりがみをはって旗で飾ったり、応援の旗などを描いたりする。

導入のことばがけ例
ドングリさんがかけっこするよ。よーい、ドン！早いのはだれかな？

落ち葉に乗って空の旅

チャレンジ

① おりがみを二つ折りにして葉の形に切り、切り抜いて模様を付ける。
② 八つ切り色画用紙に①をはり、ドングリを重ねてはる。
③ ドングリの顔や周りの景色を描く。

導入のことばがけ例
ドングリさんたち、落ち葉に乗って、どこに行くのかな？

ドングリで たくさん遊ぼう!!

子どもたちが折ったドングリで、いっぱい遊んでみましょう。いろいろな形のドングリがたくさん、秋も楽しく盛り上がりますよ。

保育室で盛り上がる！
ドングリ探し！

① 保育室内のいろいろなところにドングリを隠す。
② 保育室を林に見たてて、「ドングリさんがいっぱい隠れているよ、見つけられるかな？」と声をかけて、探す。

絵合わせゲーム
同じ顔はどれかな？

① ドングリの表に、同じ顔を描く。
② 裏を向けて、順番に2枚ずつめくる。
③ 同じ顔をめくれたら取る。多くとれた人の勝ち。

どれかな？どれかな？
虫食いドングリを探せ！

① いくつかのドングリの裏に、虫の絵を描いたり、丸シールをはって虫に見たてたりする。
② 表に返して並べ、順番にひとつずつめくっていく。
③ 虫食いドングリを見つけた人の勝ち。
④ 途中で混ぜると見つけにくくなって盛り上がる。

成長を感じよう！
ドングリと背比べ

① 壁に、ドングリを縦に並べてはる。
② 背くらべをして自分の高さにシールをはる。いつもは「○cm」だけれど、「ドングリ何個分」でお知らせする。

49

季節のおりがみ12 落ち葉

赤や黄色、オレンジや茶色、いろんな色の落ち葉がいっぱい！
秋の葉っぱを折ってみよう！

とてもかんたん → かんたん → ふつう → チャレンジ

とてもかんたん 落ち葉

1. さんかくにおっておりすじをつける
2. まんなかまでおる
3. うらがえす

できあがり

ふつう 落ち葉

1. さんかくにおる
2. ななめにおる
3. ひらく
4. うえにおる
5. したにおる
6. りょうがわをおる
7. うらがえす

できあがり

50

季節のおりがみ⑫ 落ち葉

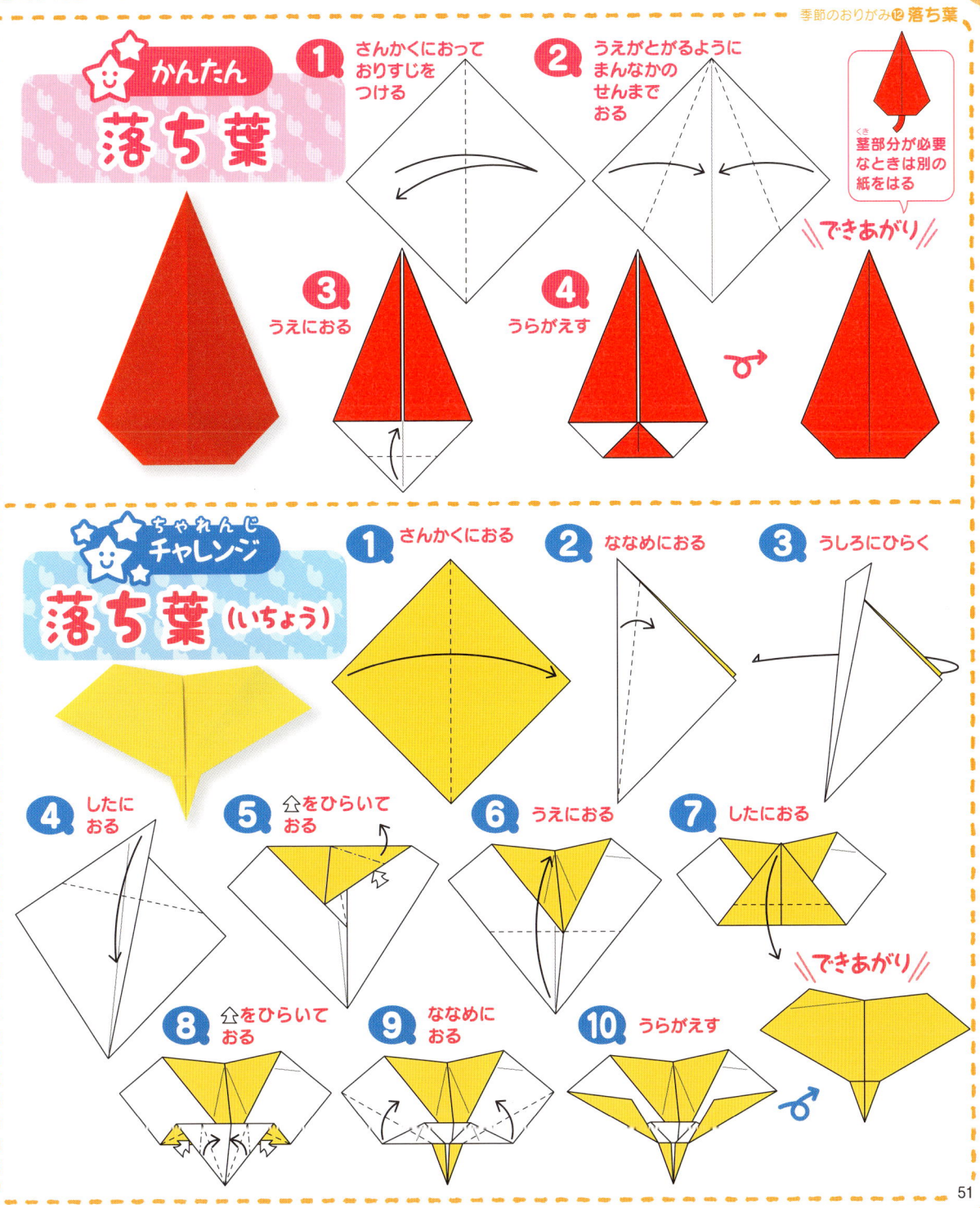

かんたん 落ち葉

1. さんかくにおっておりすじをつける
2. うえがとがるようにまんなかのせんまでおる
3. うえにおる
4. うらがえす

茎部分(くき)が必要なときは別の紙をはる

できあがり

チャレンジ 落ち葉（いちょう）

1. さんかくにおる
2. ななめにおる
3. うしろにひらく
4. したにおる
5. ⇧をひらいておる
6. うえにおる
7. したにおる
8. ⇧をひらいておる
9. ななめにおる
10. うらがえす

できあがり

●次のページに、落ち葉を使った遊びをたくさん紹介しています！➡

51

12 落ち葉でもっと遊ぼう!!

子どもたちが折った落ち葉で、たくさん遊べます！ いろいろな色の落ち葉に秋を感じます。

落ち葉で 壁面

ヒラヒラ秋色 落ち葉シャワー

きれいに色づいた落ち葉がヒラヒラ、シャワーみたいだね。タヌキくんもキツネちゃんもとてもうれしそう。

その他の材料
- 色画用紙

※型紙はP79

製作：福島 幸

落ち葉で シアター

落ち葉のかくれんぼクイズ

「落ち葉の後ろに隠れているのはだれかな？」風さんのヒントが楽しいクイズです。

用意するもの
- 落ち葉
- 絵カード（A4）※型紙はP80

1 大きな落ち葉に / だれかがかくれているよだれかな？
葉で隠した絵カードを出す。

2 風さんヒントだよ / フ〜 / だれだろう？
小さい息を吹きかけて、落ち葉を少しずらし、すぐ隠す。

3 強い風さんの大ヒント / ブー / だーれだ？
大きく息を吹きかけて、たくさんずらし、すぐ隠す。

4 正解はトンボさんでした
落ち葉を外して正解を言う。絵カードを変えて繰り返し遊ぶ。

季節のおりがみ⑫ 落ち葉

落ち葉で せいさく帳

落ち葉を使ったせいさく帳の例です。導入のことばがけ例も参考に、子どもたちのイメージを広げながら楽しみましょう。

葉っぱのおふとん

☆ とてもかんたん

① 八つ切り色画用紙に、色画用紙を切ったクマなどをはる。
② ①に落ち葉を重ねてはり、模様を描く。

導入のことばがけ例　大きな葉っぱは動物さんのちょうどいいおふとんだね。ゆっくりおやすみ。

落ち葉が変身！ コンコンギツネ

☆ かんたん

① 落ち葉を向きを変えたり、裏返したりして、八つ切り色画用紙に、組み合わせてはる。
② ①に顔や手足などを描く。色画用紙で切った葉を、周りに飾る。

導入のことばがけ例　葉っぱが何かに変身！ 何に見えるかな？

落ち葉のかくれんぼ

☆ ふつう

① 八つ切り色画用紙に、色画用紙を切った小さな丸や、楕円をはる。小さな穴をアリの巣に見たてたり、楕円を落ち葉の影に見たてて、虫たちをフェルトペンで描く。
② ①に落ち葉の先をのり付けする。めくったり、かぶせたりして遊ぶ。

めくると…

導入のことばがけ例　落ち葉をめくると、虫さんたちがたくさんいるよ。どんな虫がいるかな？

イチョウでひらひら

① 八つ切り色画用紙に、たんぽを押して雲を作る。
② ①にイチョウをはる。色画用紙で自分や虫など切ってはる。

導入のことばがけ例　イチョウにつかまって、ヒラヒラお散歩しよう！

☆ チャレンジ

落ち葉で たくさん遊ぼう!!

子どもたちが折った落ち葉で、いっぱい遊んでみましょう。色とりどりの落ち葉に秋を実感しますよ。

動きが楽しい！ ヒラヒラ落ち葉

① 落ち葉を高いところから落とす。
② 落ち葉の動きが楽しい。チャレンジ落ち葉は、上の袋部分を膨らませると空気が入り、ゆっくり落ちる。
③ 保育者が落として、子どもたちがつかんでも楽しい。

膨らませる

つなげて楽しい！ クルクル落ち葉

① 落ち葉をたこ糸でつなげる。
② たこ糸を持って走る。風になびいて、ヒラヒラ、クルクルよく回る。

落ちないかドキドキ！ どこまでくっつくかな？

クリップ
磁石

① 落ち葉の端にゼムクリップ、もう片方の端に磁石を付ける。
② 落ち葉を1枚持って、次々に落ち葉を付けていく。

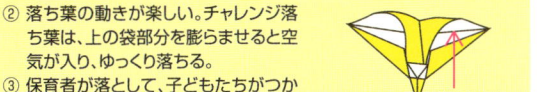

みんなで遊ぼう！ 葉っぱのファッションショー

① カラーポリ袋に、顔と腕を通す穴をあける。
② ①にいろいろな色の落ち葉をはって飾る。
③ ②を着て、みんなでモデルになった気分でファッションショーをする。

53

季節のおりがみ⑬ サンタクロース

待ちどしいクリスマス。サンタクロースは、プレゼントを持って、今年も来てくれるかな？

とてもかんたん → かんたん → ふつう → チャレンジ

とてもかんたん サンタクロース

1. かさねておる 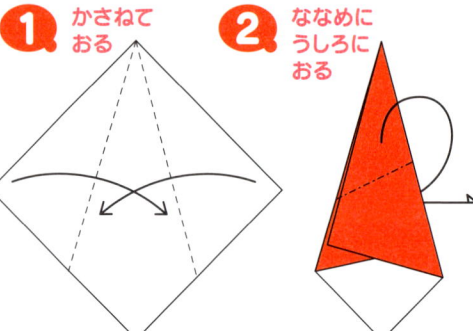
2. ななめにうしろにおる

かおをかいて できあがり

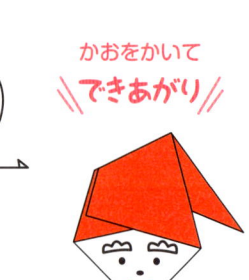

ふつう サンタクロース

1. たてとよこにおりすじをつける 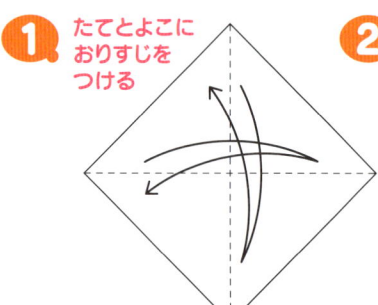
2. まんなかまでおる 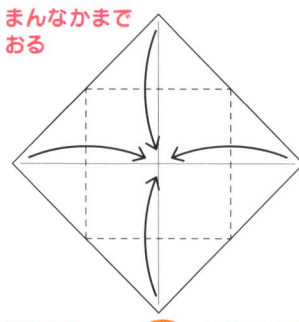
3. うらがえす 
4. ふたつだけまんなかにおる 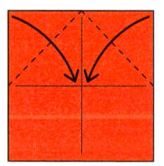
5. うらがえす 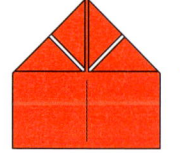
6. おりすじをつける 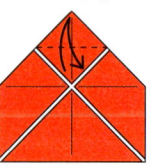
7. さんかくにおる 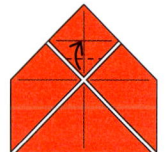
8. おりすじまでおってもういちどおる 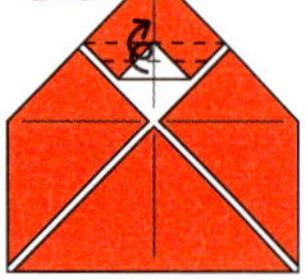
9. おりすじまでおる
10. かどをうしろへおる

かおをかいて できあがり

54

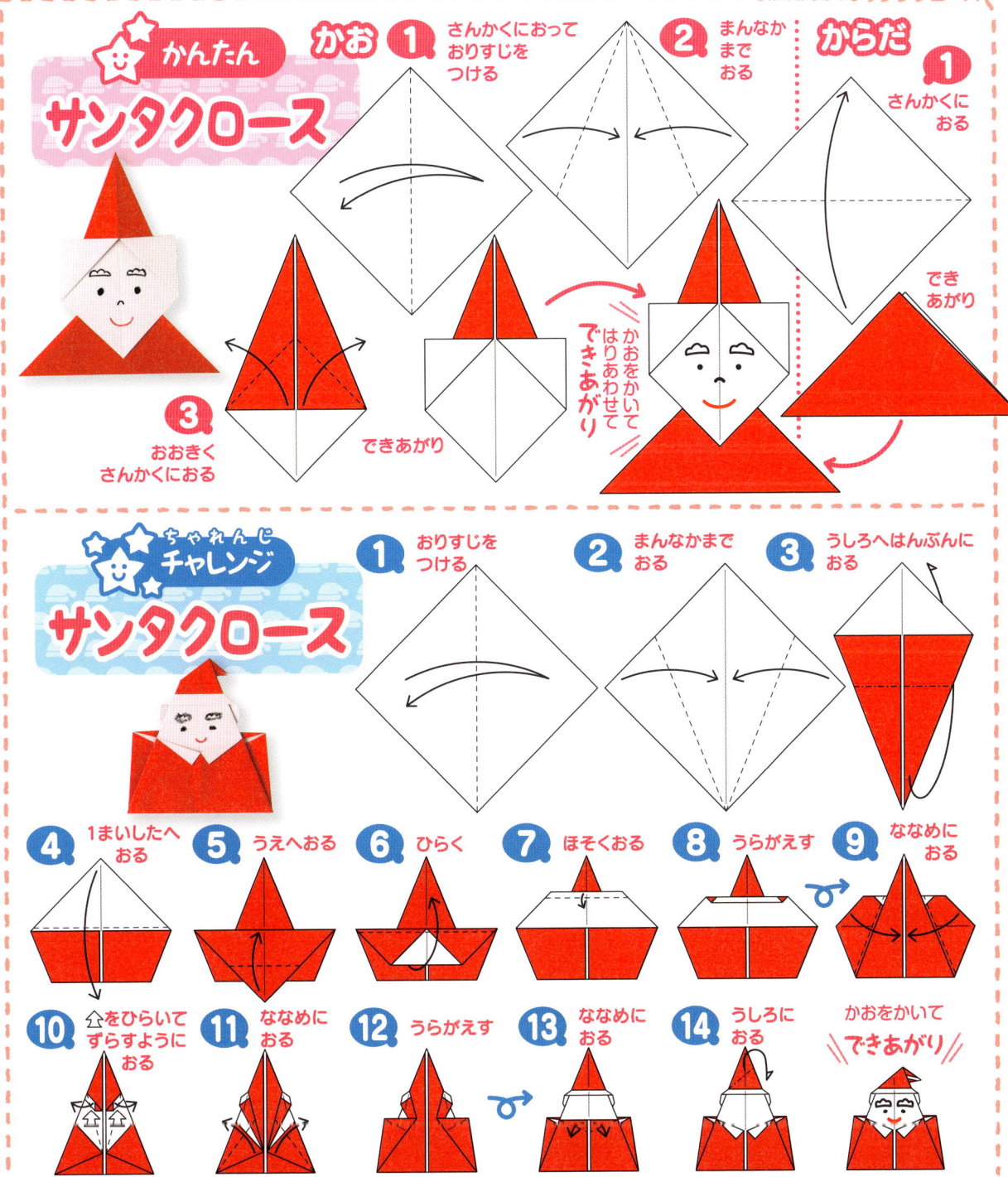

季節のおりがみ⑬ サンタクロース

⭐ かんたん サンタクロース

かお

① さんかくにおって おりすじをつける

② まんなかまでおる

③ おおきくさんかくにおる

かおをかいてはりあわせてできあがり

からだ

① さんかくにおる

できあがり

⭐⭐ ちゃれんじ サンタクロース

① おりすじをつける

② まんなかまでおる

③ うしろへはんぶんにおる

④ 1まいしたへおる

⑤ うえへおる

⑥ ひらく

⑦ ほそくおる

⑧ うらがえす

⑨ ななめにおる

⑩ ☆をひらいてずらすようにおる

⑪ ななめにおる

⑫ うらがえす

⑬ ななめにおる

⑭ うしろにおる

かおをかいてできあがり

●次のページに、サンタクロースを使った遊びをたくさん紹介しています！➡

⑬ サンタクロースでもっと遊ぼう!!

子どもたちが折ったサンタクロースで、たくさん遊べます！ いろいろなサンタさんが来ましたよ！

サンタクロースで 壁面

ぼくの、わたしの家にも来てね！サンタさん！

待ちに待った、クリスマス！
プレゼントを持ってサンタさんが
来てくれるかな？ 楽しみだね！

その他の材料
- 色画用紙
- 金色、銀色おりがみ
- キラキラモール

※型紙はP79

製作：くまのこ

サンタクロースで シアター

プレゼント配りをお手伝い！

いっしょにうたいながら、サンタクロースの
プレゼント配りをお手伝いしましょう！
おうちに入ったら、小さな声でね！

用意するもの
- サンタクロースに割りばしを付ける。
- お菓子の空き箱などで家を作る。横に差し込むすきまを作っておく。割りばし

1 クリスマスの夜 サンタさんが やって来ましたよ いっしょに 歌って、プレゼント配りを 手伝ってね
サンタクロースを出す。

2 でも、サンタさんが おうちに 入ったときは 子どもたちを 起こさないよう 小さな声でね！
お約束を伝える。

3 ♪あわてんぼうの ♪サンタクロース
はじめは大きな声で歌う。

4 ♪えんとつ のぞい〜 て〜 ♪〜リンリンリン みんな ありがとう！
家の中にサンタクロースを入れ、小さな声で歌う。③④を繰り返す。

あわてんぼうのサンタクロース
作詞／吉岡治　作曲／小林亜星

あわてんぼうのサンタクロース クリスマスまえに やってきた いそ
いで リンリンリン いそ いで リンリンリン ならして おくれよ かね を
リンリン リンリンリン リンリン リン

季節のおりがみ⓭ サンタクロース

サンタクロースで せいさく帳

サンタクロースを使ったせいさく帳の例です。導入のことばがけ例も参考に、子どもたちのイメージを広げながら楽しみましょう。

まんまるリース ☆☆ ふつう

① 長方形に切った色画用紙を画用紙に円形にはってリースを作る。
② 中にサンタクロースをはり、顔やボタンを描く。
③ リボンを描いたり、毛糸やビーズをはったりして、リースを飾る。

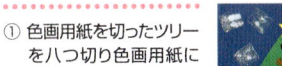

導入のことばがけ例　まんまるリースになるようにはってみてごらん

プレゼント、何かな？ ☆ とてもかんたん

① サンタクロースを八つ切り色画用紙にはり、顔や体を描く。
② 画用紙を切った袋をはり、ほしいプレゼントを描く。

導入のことばがけ例　サンタさんからのプレゼント、何がほしいかな？大きな袋に描いてみよう！

雪がいっぱい！ニコニコサンタさん ☆ かんたん

① サンタクロースと、色画用紙で切った家を、八つ切り色画用紙にはる。
② 白色絵の具で指スタンプをし、雪と服のボタンを作る。
③ 顔や家の模様を描く。

導入のことばがけ例　たくさん雪が降ってきたよ！

ホワイトクリスマス！ ☆☆☆ チャレンジ

① 色画用紙を切ったツリーを八つ切り色画用紙にはり、模様を描く。
② サンタクロースをはり、顔やボタンを描く。
③ 白絵の具で雪をスポンジスタンプする。

導入のことばがけ例　雪が降ったら、ホワイトクリスマスだよ。いっぱい降らせよう。

サンタクロースで たくさん遊ぼう!!

子どもたちが折ったサンタクロースで、いっぱい遊んでみましょう。クリスマス当日が楽しみになりますね。

作って遊ぼう！ サンタさんへお手紙をかこう！

① サンタさんからもらいたいプレゼントを手紙に描く。
② おりがみをはって、完成。持ち帰って、サンタさんに見えやすいところにはっておこう。クリスマスが楽しみに。

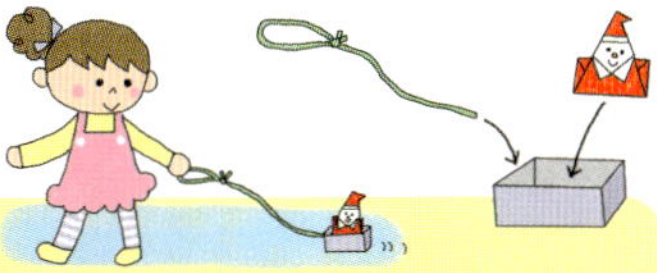

競走して楽しもう！ そりに乗せて引っ張ろう！

① 石けんの空き箱などの上面を切り、色画用紙やおりがみなどをはって飾る。
② 毛糸を付けて、サンタクロースを乗せる。
③ 毛糸を引っ張り、サンタクロースのそり滑りをする。

友達とコミュニケーション プレゼント当てっこクイズ

① 袋の形に切った画用紙に欲しいプレゼントを描いて、サンタクロースをはる。
② リボンを付けて、首から下げる。
③ クリスマスの曲などBGMをかけている間は自由に歩き、止まったときに出会った友達と自分が欲しいプレゼントのヒントを出し合い、当てっこをする。正解したら裏を向けて見せる。繰り返して遊ぶ。

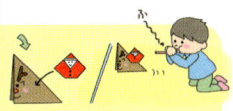

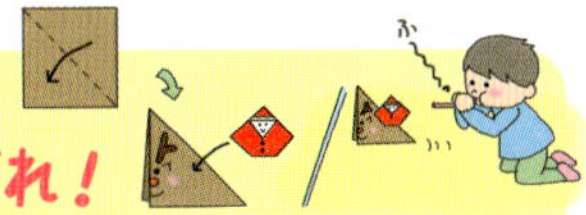

競走して楽しもう！ トナカイがんばれ！

① 茶色画用紙（15cm×15cm）を半分に折って、トナカイの顔を描く。
② サンタクロースを背中にはり付ける。
③ スタートとゴールを決め、ストローで優しく吹いて進ませる。早くゴールに着いた人が勝ち。

57

季節のおりがみ 14 たこ

風を受けて、たこが空高く揚がるよ。
どんなたこを揚げようかな？

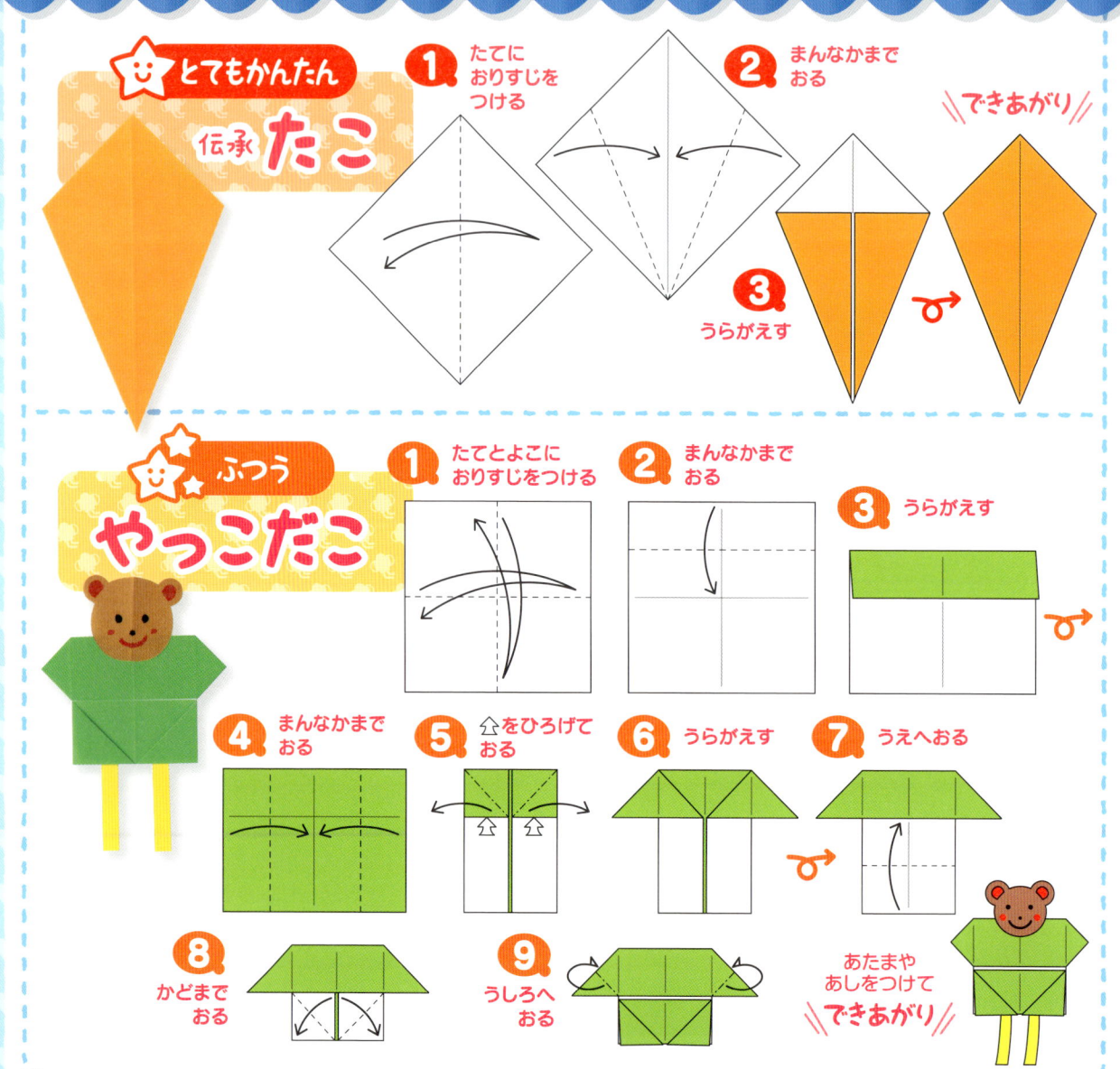

とてもかんたん　伝承たこ

1. たてにおりすじをつける
2. まんなかまでおる
3. うらがえす

できあがり

ふつう　やっこだこ

1. たてとよこにおりすじをつける
2. まんなかまでおる
3. うらがえす
4. まんなかまでおる
5. ☆をひろげておる
6. うらがえす
7. うえへおる
8. かどまでおる
9. うしろへおる

あたまやあしをつけて できあがり

季節のおりがみ⑭ たこ

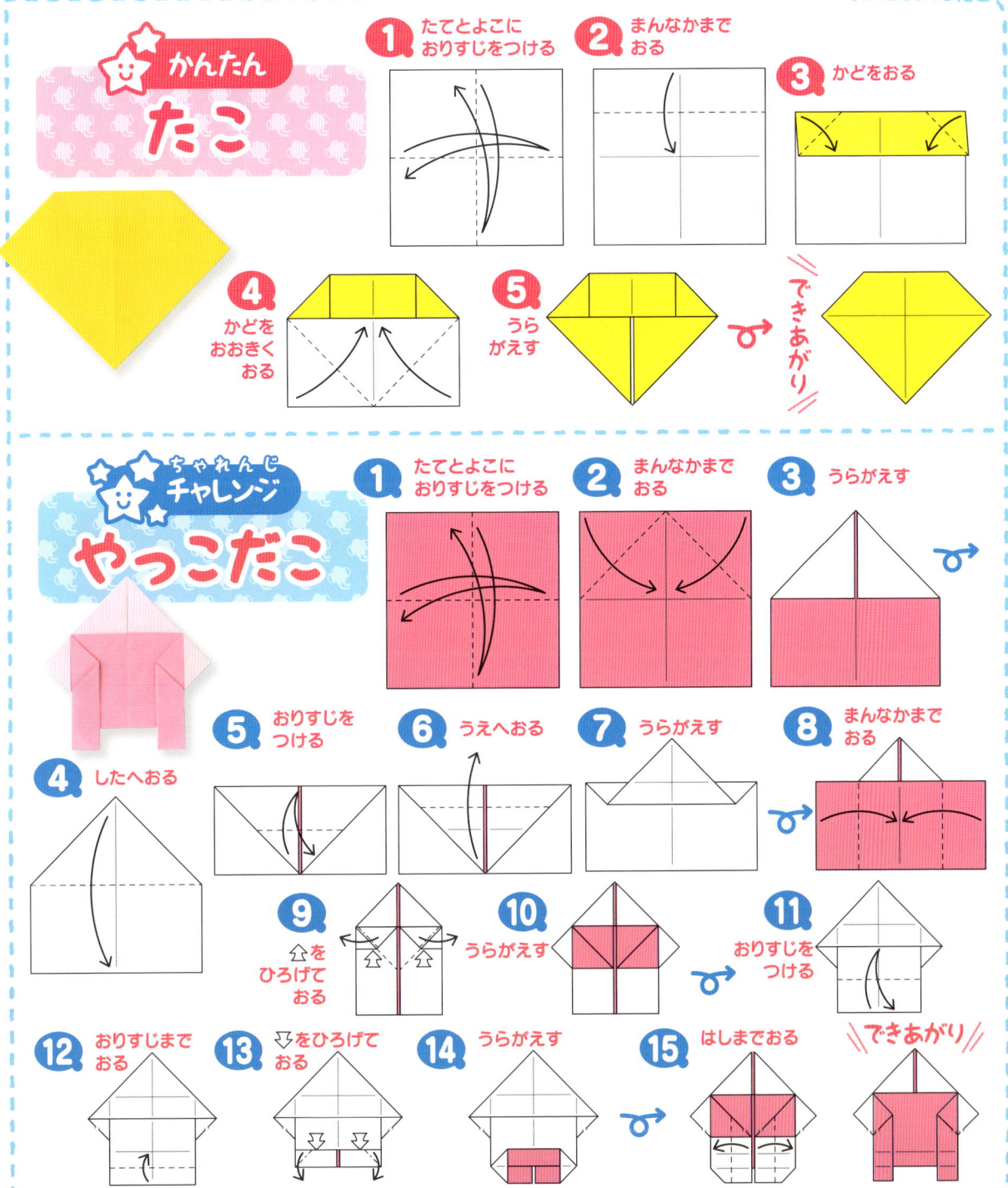

かんたん たこ

1. たてとよこに おりすじをつける
2. まんなかまで おる
3. かどをおる
4. かどを おおきく おる
5. うらがえす

できあがり

チャレンジ やっこだこ

1. たてとよこに おりすじをつける
2. まんなかまで おる
3. うらがえす
4. したへおる
5. おりすじを つける
6. うえへおる
7. うらがえす
8. まんなかまで おる
9. ⇧を ひろげて おる
10. うらがえす
11. おりすじを つける
12. おりすじまで おる
13. ⇩をひろげて おる
14. うらがえす
15. はしまでおる

できあがり

●次のページに、たこを使った遊びをたくさん紹介しています！➡

⑭ たこでもっと遊ぼう!!

子どもたちが折ったたこで、たくさん遊べます！ いろいろなたこに新たな一年も楽しく過ごせそうです。

たこで 壁面

連だこ、元気よく揚がれ！

みんなのたこが仲よく連なって、連だこに。大空を高く高く揚がれ！

その他の材料
- 色画用紙
- たこ糸

※型紙はP79

製作：マメリツコ

たこで シアター

からまっちゃった たこの糸はどれ？

「たこの糸がからまってたいへん！」あみだくじのように、どのたこにたどりつくか楽しいクイズです。

用意するもの
- たこ3つ
- 模造紙
- 画用紙を切った雲
- 黒と赤のフェルトペン

1 みんな！楽しくたこ揚げしよう！
たこを模造紙にはる。

2 たいへんからまっちゃった！ この糸も！こっちも
フェルトペンで糸をからめて描く。

3 わぁ！おじゃま雲くんが来たよ 右の糸はどこのたこかな？みんな教えて！
糸の絡まり部分を雲で隠し、どの糸が何色かクイズを出す。

4 じゃあ、たどってみるよ 正解は赤いたこでした。
雲を外し、糸を赤のフェルトペンでたどっていき、正解を発表する。これを繰り返す。

季節のおりかみ⑭たこ

たこで せいさく帳

たこを使ったせいさく帳の例です。導入のことばがけ例も参考に、子どもたちのイメージを広げながら楽しみましょう。

お日さままで揚がれ！ ☆とてもかんたん

① たこを八つ切り画用紙にはり、細長く切ったおりがみでたこの脚をはる。
② 丸シールなどで模様を付け、糸を描く。
③ スチロールスタンプで雲や太陽をスタンプし、太陽の顔などを描く。

導入のことばがけ例：お日さまと雲のところまで、高く揚がるかな？

にっこりたこさん ☆ふつう

① たこを八つ切り画用紙にはり、細長く切った金色や銀色のおりがみで、たこの脚をはる。
② 丸く切った色画用紙をはり、顔や模様、糸、空のようすも描く。

導入のことばがけ例：たこに顔を付けてみよう。どんな顔がいいかな？

風に乗って ☆かんたん

① たこを八つ切り色画用紙にはる。
② 風が吹いているイメージで、おりがみを細長くちぎって周りにはる。
③ 細長く切ったおりがみでたこの脚をはり、たこのようすと糸を描く。

導入のことばがけ例：たこがよくあがるように、風を吹かせよう！

たこたこ揚がれ ☆チャレンジ

① たこを八つ切り画用紙にはる。
② たこの模様やたこを揚げている自分たちのようす描く。

導入のことばがけ例：たこ揚げしているのはだれかな？

たこで たくさん遊ぼう!!

子どもたちが折ったたこで、いっぱい遊んでみましょう。自分だけのたこができるととてもうれしいものですよ。

走って遊ぼう！ ミニたこ揚げをしよう！

① たこにたこ糸を付ける。
② たこ糸を持って、走る。本物のたこのように風に乗って揚がる。2、3個付けて、連だこのようにしても楽しい。

ジャンプして遊ぼう！ ビュンビュン飛ばせ！

① 壁に、空の絵を描いた模造紙をはる。
② たこの裏にセロハンテープを輪にしてはる。
③ ジャンプをして、②を①のできるだけ高いところにはる。だれがいちばん高いところにはれるかな？

ゲームで遊ぼう！ たこあげて！ゲーム

① 2色のたこを折って、両手に持つ。
② 保育者が、「○○色だこ上げて」と言ったら、○○色を持った手を上げる。
③ 「△△色だこ上げて」と言ったら、△△色を持った手を上げる。
④ 「○○色だこ下げて」や「○○色だこ下げないで、△△色だこ下げる」なども言いながら、上げたり下げたりを楽しむ。初めはゆっくり言い、慣れたら少し早く言うと盛り上がる。

どれかな？ドキドキ たこたこくじ

① いろいろな色のたこを折り、先にたこ糸を付ける。
② 保育者が①をいっしょに持ち、「○○色のたこどーれだ」と聞き、子どもたちが糸を1本ずつ選ぶ。
③ 「いっせいのーで」でゆっくり引っ張り、保育者が手を離す。○○色を引いた人の勝ち。②③を繰り返して遊ぶ。本日の当番決めなどで使っても楽しい。

季節のおりがみ 15 オニ

鬼は外、福は内。豆まきで、悪い鬼を追い払おう！
どんな鬼がいるのかな？

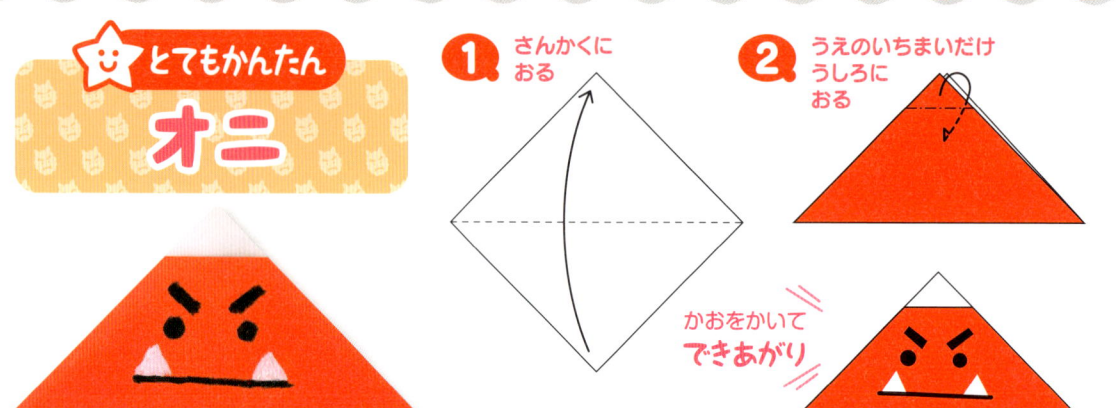

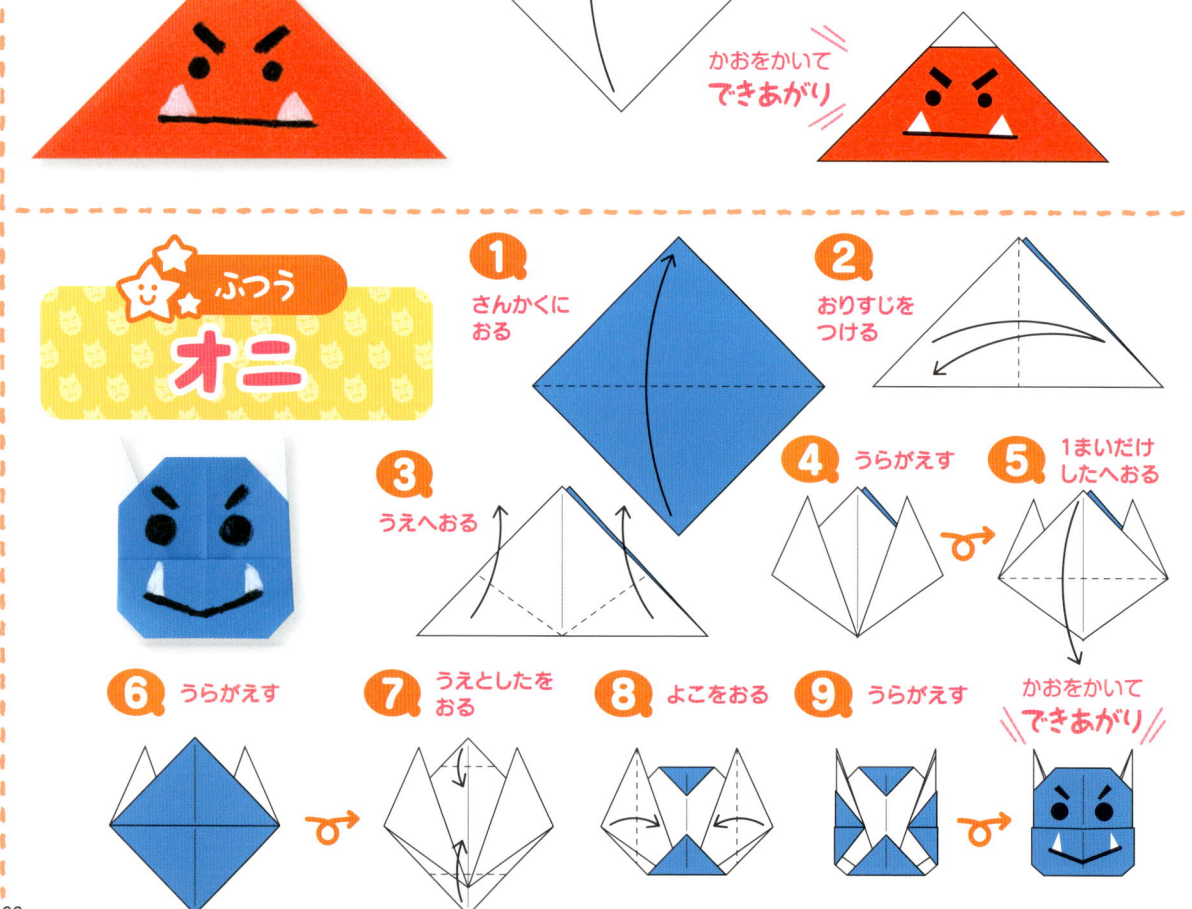

とてもかんたん → かんたん → ふつう → チャレンジ

とてもかんたん オニ

1. さんかくにおる
2. うえのいちまいだけうしろにおる

かおをかいてできあがり

ふつう オニ

1. さんかくにおる
2. おりすじをつける
3. うえへおる
4. うらがえす
5. 1まいだけしたへおる
6. うらがえす
7. うえとしたをおる
8. よこをおる
9. うらがえす

かおをかいてできあがり

62

季節のおりがみ⑮ オニ

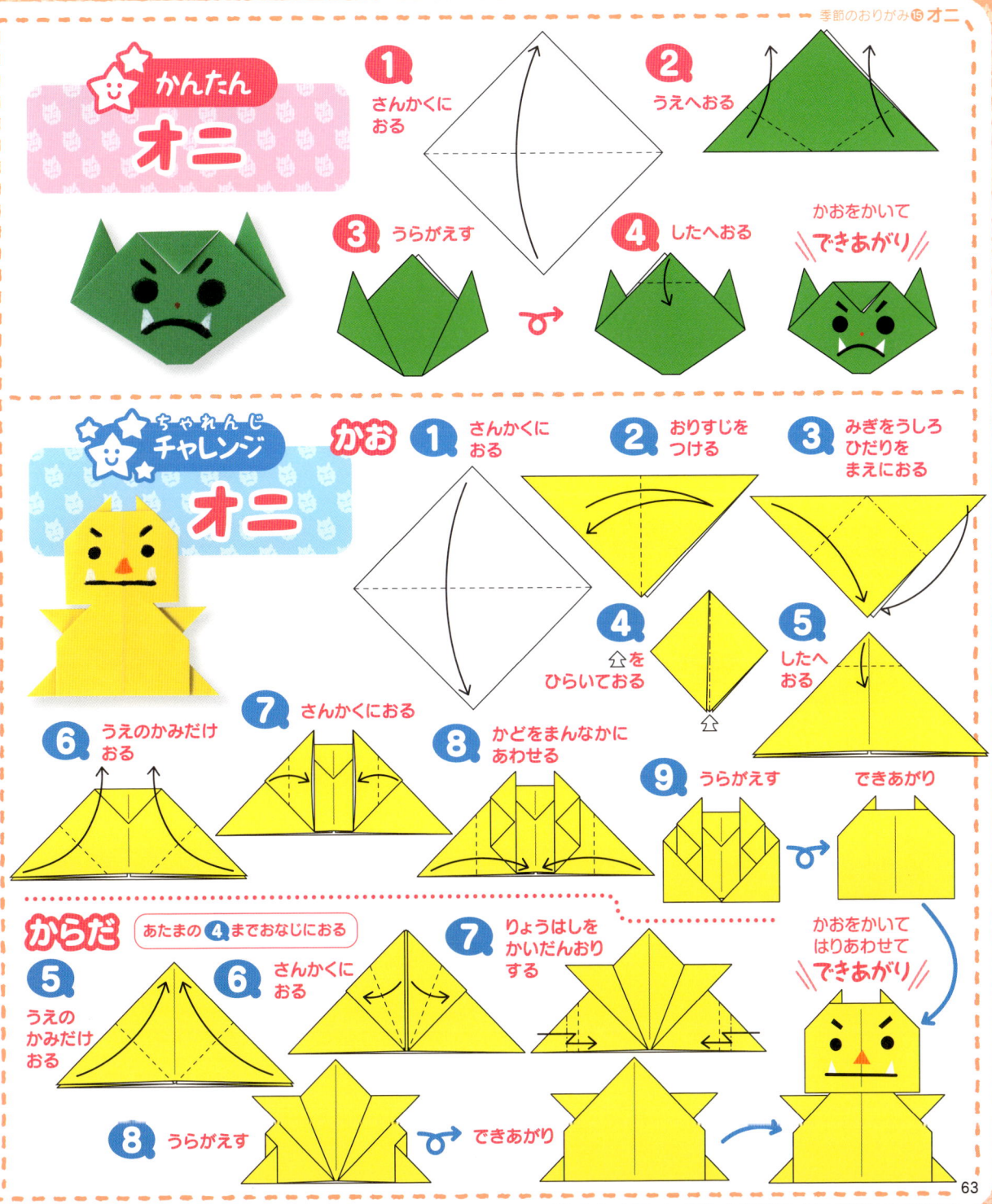

かんたん オニ

1. さんかくにおる
2. うえへおる
3. うらがえす
4. したへおる

かおをかいてできあがり

チャレンジ オニ

かお

1. さんかくにおる
2. おりすじをつける
3. みぎをうしろひだりをまえにおる
4. ☆をひらいておる
5. したへおる
6. うえのかみだけおる
7. さんかくにおる
8. かどをまんなかにあわせる
9. うらがえす

できあがり

からだ

あたまの4までおなじにおる

5. うえのかみだけおる
6. さんかくにおる
7. りょうはしをかいだんおりする
8. うらがえす

できあがり

かおをかいてはりあわせてできあがり

●次のページに、オニを使った遊びをたくさん紹介しています！➡

⑮ オニでもっと遊ぼう!!

子どもたちが折ったオニで、たくさん遊べます！ いろいろな鬼が登場しますよ！

オニで 壁面

元気いっぱい！みんなで縄跳び

オニさんたちも元気にみんなで長縄跳びで楽しそう！ かぜひきオニも吹っ飛ぶね！

その他の材料
- 色画用紙
- 毛糸

※型紙はP79

製作：いとうえみ

オニで シアター

みんなで鬼は外！

「みんなの心の中には、どんな鬼がいるのかな？」
いっしょに心の中の鬼を追い出すシアターです。

用意するもの
- おりがみを4枚はり合わせて、いろいろなオニを作る。
- 模造紙
- クラフト紙などを丸めた豆

1 キャーたいへん
〇〇園にたくさんの鬼がやってきたよ！

みんなに鬼がやってきたことを呼びかける。

2 ブンブン鬼 / なんでもイヤイヤイヤ鬼 / エーンエーン泣き虫鬼

いろんな鬼を登場させてはっていく。

3 みんなで心の中の鬼をやっつけよう！
おにはーそと

かけ声をかけながら、豆を投げる。

4 心の中の悪い鬼がいなくなったね
よかったね！

鬼をはがして、ホッとする。

季節のおりがみ⑮ オニ

オニで せいさく帳

オニを使ったせいさく帳の例です。導入のことばがけ例も参考に、子どもたちのイメージを広げながら楽しみましょう。

鬼は外、福は内！
① オニを八つ切り色画用紙にはり、顔を描く。
② まわりに丸シールの豆をはる。

★ とてもかんたん

導入のことばがけ例：豆をまいて、悪いオニを追い出そう！

赤鬼と青鬼のタンゴ
★ ふつう

① オニを八つ切り色画用紙にはり、顔を描く。
② 色画用紙を切った体や、モールの手足を、踊っているようにはる。
③ ちぎったおりがみで周りを飾る。

導入のことばがけ例：オニさんたちも楽しくダンスをするよ！

オニさんとにらめっこ！
★ かんたん

① 八つ切り色画用紙に、オニと、色画用紙を丸く切った顔や体をはる。
② にらめっこしている顔や手足を描く。

導入のことばがけ例：オニさんとにらめっこするよ！ どっちが勝つかな？

ゴロゴロピカーン！カミナリさんだ～！
★ チャレンジ

① 八つ切り画用紙に雲や雨を描く。
② 水色絵の具で空を塗り、乾いたらオニをはる。
③ 丸シールでたいこをはったり、色画用紙を切って、顔やパンツ、ジョウロ、稲光などをはったりする。

導入のことばがけ例：カミナリさんが雲の上で怒ったよ！

オニで たくさん遊ぼう!!

子どもたちが折ったオニで、いっぱい遊んでみましょう。自分の中の悪いオニを追い出せるといいですね。

作って遊ぼう！ 豆入れ
① 紙コップにオニをはる。豆まきで使う豆入れに。
② ひもを付けて、ポシェット型にしても使いやすい。

作って遊ぼう！ 鬼の起き上がりこぼし
① 牛乳パックを、下から5cm残して切る。2面は、5cmで切り落とす。
② 残した2面を曲げて、下でホッチキスで留める。
③ オニをはる。ユラユラ揺らして遊ぶ。

はる

まねっこ顔で遊ぼう！ オニさん、どんな顔？
① ふつうのオニに怖い顔を描く。
② 色画用紙を①の形に切り、両面に泣き虫顔やニコニコ顔を描く。保育者が「どんな顔？」「まねっこしてね」などことばがけをしながら、②を①に入れたり、裏返したり、出したりして、まねっこする。

裏にも
差し込む

くぐって遊ぼう！ オニさんトンネル通れるかな？
① 怖い顔のオニをたくさん作り、ひもでつなげる。
② ①を鉄棒やたいこ橋につり下げたり、棒につり下げて段ボール箱の支柱に乗せたりする。
③ 怖い顔がたくさんの②をくぐれるかな？ 怖くてくぐれない子どもには、「鬼は外！」の掛け声で、豆(本物やクラフト紙を丸めたものなど)を投げる。通れたら、「がんばって通れたね」とことばがけして褒める。

65

季節のおりがみ 16
おひなさま

とてもかんたん → かんたん → ふつう → チャレンジ

病気やけがから守ってくれますように、という願いを込められたひな人形。すてきな着物を着ているよ。

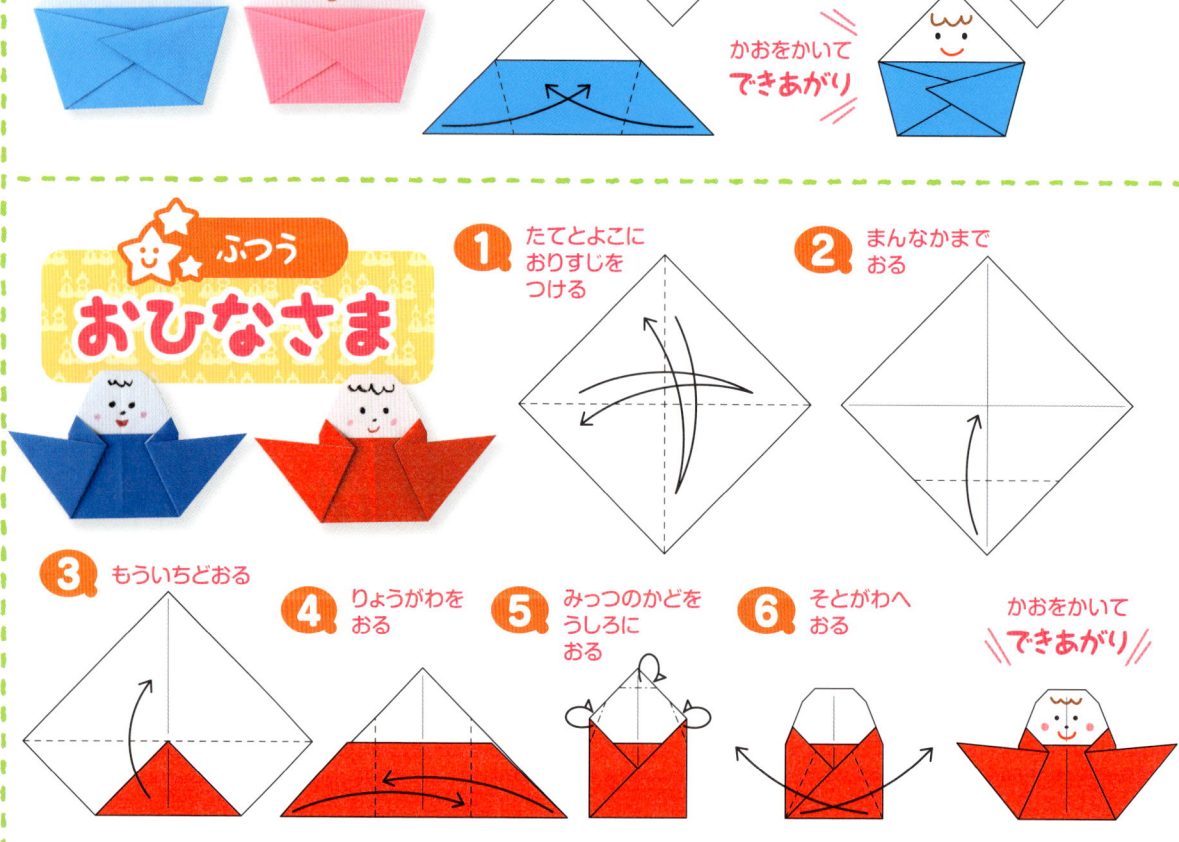

★ とてもかんたん おひなさま

1. おりすじをつける
2. まんなかまでおってもういちどおる
3. ななめにおる

かおをかいてできあがり

★★ ふつう おひなさま

1. たてとよこにおりすじをつける
2. まんなかまでおる
3. もういちどおる
4. りょうがわをおる
5. みっつのかどをうしろにおる
6. そとがわへおる

かおをかいてできあがり

66

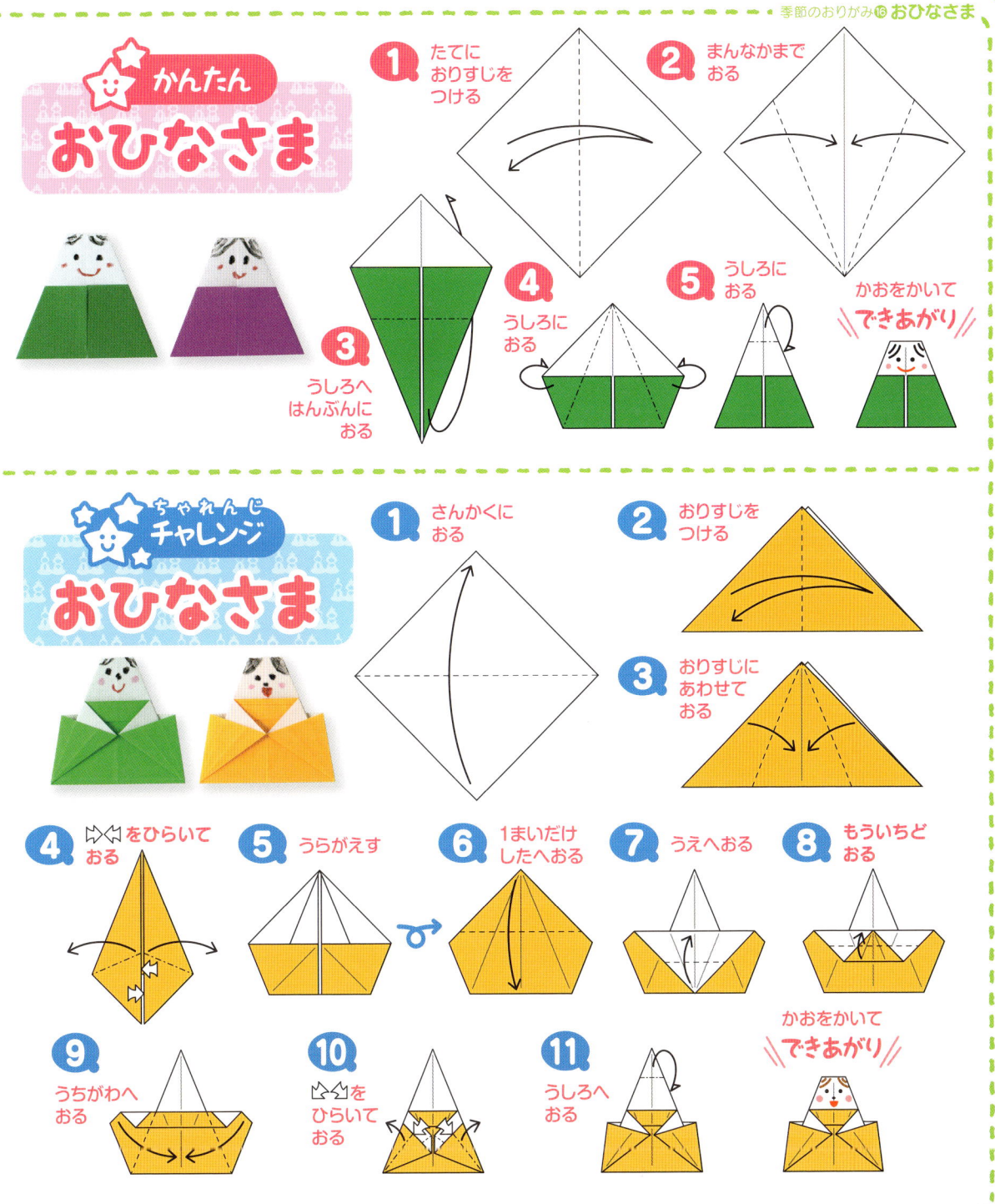

季節のおりがみ⑮ おひなさま

かんたん おひなさま

1. たてにおりすじをつける
2. まんなかまでおる
3. うしろへはんぶんにおる
4. うしろにおる
5. うしろにおる

かおをかいて できあがり

ちゃれんじ おひなさま

1. さんかくにおる
2. おりすじをつける
3. おりすじにあわせておる
4. ▷◁をひらいておる
5. うらがえす
6. 1まいだけしたへおる
7. うえへおる
8. もういちどおる
9. うちがわへおる
10. ▷◁をひらいておる
11. うしろへおる

かおをかいて できあがり

67

●次のページに、おひなさまを使った遊びをたくさん紹介しています！➡

⑯ おひなさまでもっと遊ぼう!!

子どもたちが折ったおひなさまで、いろいろ遊べます！ たくさんのにこにこ笑顔でうれしくなりますね！

おひなさまで 壁面

みんなでにっこりひなまつり

3月3日は、桃の節句。おだいりさまとおひなさまがふたり並んで、ステキな笑顔だね。

その他の材料
- 色画用紙
- 丸シール

※型紙はP79

製作：うえはらかずよ

おひなさまで シアター

ニコニコひなまつり

おだいりさまとおひなさまを並べて、みんなでお祝いしましょう。
（※地域によって並べ方は異なります）

用意するもの
- おだいりさまとおひなさま
- 空き箱2つに赤色画用紙をはり、金色おりがみの屏風と千代紙の台座をはる。

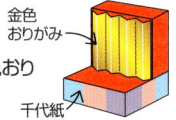

金色おりがみ / 千代紙

1 3月3日はひなまつり / 女の子のお祝いだよ
台座を用意する。

2 おだいりさまのところに
おだいりさまを置く。

3 おひなさまがおよめにきましたよ
おひなさまを置く。

4 ふたりともうれしそう！ / みんなでお祝いしましょう！
しめくくる。

季節のおりがみ⑮ おひなさま

おひなさまで せいさく帳

おひなさまを使ったせいさく帳の例です。導入のことばがけ例も参考に、子どもたちのイメージを広げながら楽しみましょう。

モモの花が咲いてうれしいね！ ☆とてもかんたん

① おひなさまを八つ切り色画用紙にはる。
② 色画用紙を切った扇やしゃく、冠をはり、顔や台座を描く。
③ 綿棒6本をゴムで束ねたスタンプを押して、モモの花を咲かせる。

導入のことばがけ例
モモの花がいっぱい咲いてうれしいね！ おひなさまも喜ぶよ！

モモの花がパッと咲いたよ！ ☆かんたん

① 八つ切り色画用紙に、千代紙を切った台座とおひなさまをはる。
② 色画用紙や金色・銀色おりがみを切った扇やしゃく、冠をはり、顔を描く。
③ おりがみを折って（折り方はP80）、切り、開いてモモの花をはる。周りに金色・銀色おりがみを切って、飾る。

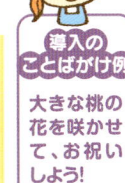

導入のことばがけ例
大きな桃の花を咲かせて、お祝いしよう！

ふんわりモモの花でお祝い ☆☆ふつう

① 八つ切り画用紙に、おりがみを切った台座とおひなさまをはる。
② 色画用紙を切った冠をはり、顔や扇、しゃくを描く。
③ 花の形を和紙に下描きしておき、折って絵の具（角を黄色、周りを桃色）で染め、開いて切ってはる。

導入のことばがけ例
お花の色が広がるようすを見てごらん。

すてきなモモの花 ☆☆☆チャレンジ

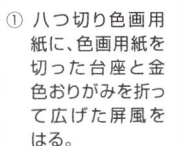

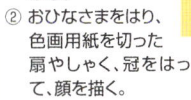

① 八つ切り色画用紙に、色画用紙を切った台座と金色おりがみを折って広げた屏風をはる。
② おひなさまをはり、色画用紙を切った扇やしゃく、冠をはって、顔を描く。
③ おりがみを丸くちぎってモモの花をはる。

導入のことばがけ例
お花の形はどんなかな？

おひなさまで たくさん遊ぼう!!

子どもたちが折ったおひなさまで、いっぱい遊んでみましょう。にこにこ顔のおひなさまで、いっしょにひなまつりのお祝いをしましょう。

作って遊ぼう！ ユラユラおひなさま

① 紙皿に、千代紙をはったりフェルトペンで模様を描いたりする。
② ①を半分に折って、おひなさまをはる。
③ ユラユラ揺らす。どのおひなさまが最後まで揺れているか、競っても楽しい。

作って遊ぼう！ ひなあられバック

① B5サイズくらいの封筒の上半分を切り、好きなところにおひなさまをはる。
② 丸シールをはったりフェルトペンで描いたりして、飾る。
③ ②にリボンを付けて完成。ひなあられが入れられる。ひなまつり当日に持ち帰ろう。

みんなで遊ぼう！ ペアを作ろうゲーム

① めびなまたはおびなを、セロハンテープを輪にして胸にはる。
② ひなまつりの曲などBGMをかけている間は、保育室を自由に歩き、曲が止まったら、おびなとめびなのペアをつくってその場に座る。
③ 「3人官女」「5人囃子（ばやし）」のグループを作っても盛り上がる。

当てっこしよう！ だれのおひなさま？

① 空き箱に色画用紙をはり、ひな壇を作る。
② ①の後ろから、子どものおひなさまをのぞかせ、「だれのおひなさまかな？」と問いかける。
③ ヒントを出し合いながら、当てっこをする。当たったら、ひな壇に飾り、それぞれのおひなさまをペアで飾れたら、みんなでひなまつりの歌などをうたう。

69

遊べるおりがみ 1
ワンピースを折って遊ぼう!!

ちょっと難しいけれど、折れたら人気者！ いろいろな色で折ったり、模様を描いたりすると楽しいね！

⭐ チャレンジ

1. たてとよこにおりすじをつける 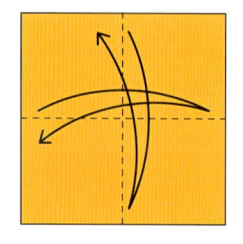
2. まんなかまでおる 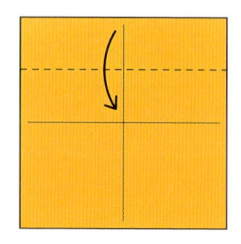
3. うえにおる 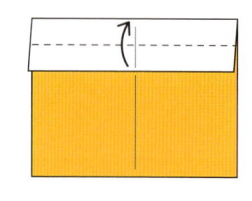
4. うらがえす 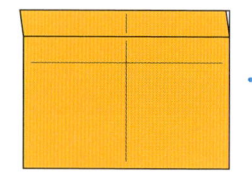
5. まんなかまでおる 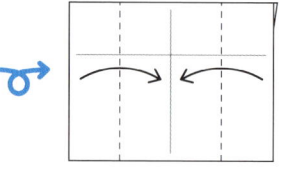
6. うらがえす 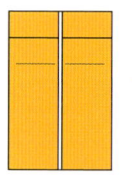
7. まんなかまでおってうしろのかみをだす 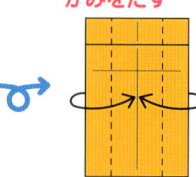
8. うえの1まいだけをずらしながらひきあげる 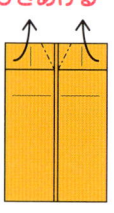
9. したへおる 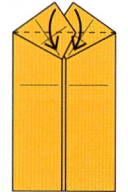
10. はんぶんにおる 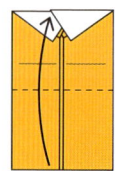
11. したへおる 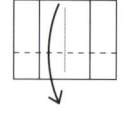
12. そとがわへずらす 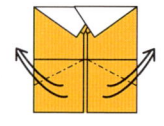
13. うらがえす 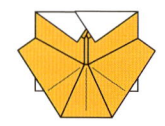
14. おりながらつぶす 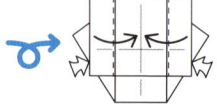
15. うらがえす

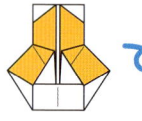

できあがり

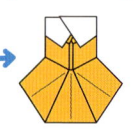

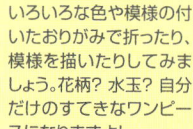

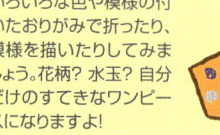

ワンピースで遊ぼう!!

折る紙を変えることで遊びが広がります。

いろんな色で すてきなワンピース

いろいろな色や模様の付いたおりがみで折ったり、模様を描いたりしてみましょう。花柄？水玉？自分だけのすてきなワンピースになりますよ！

遊べるおりがみ② 指輪を折って遊ぼう!!

指輪はあこがれのアクセサリー！　何色にしようかな？　キラキラおりがみで折ると特別な指輪に！

★ ふつう
1/4のおりがみを使って
（写真は拡大しています）

1 ながしかくにおりすじをつける

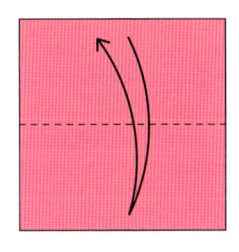

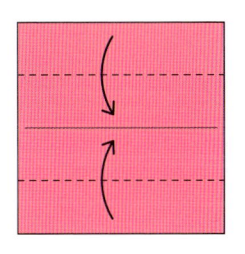

2 まんなかまでおる

3 かどをよっつおる

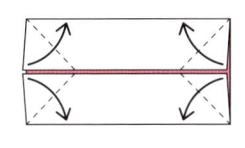

4 うらがえす

5 まんなかまでおる

6 かたほうだけおる

7 さしこむ

＼できあがり／

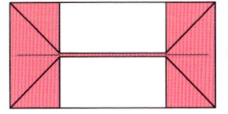

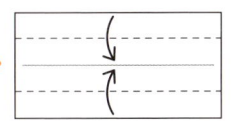

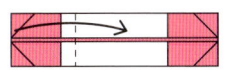

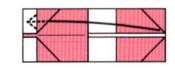

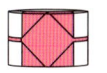

指輪で遊ぼう!!

折る紙を変えたり、大きさを変えたりすると、遊びが広がります。

いろんな紙で
すてきな指輪に！！
模様のおりがみで折ったり別に切ったキラキラおりがみやビーズ、シールなどをはり付けたりすれば、さらにすてきな指輪になりますね。

シール
ビーズ
キラキラおりがみ

大きい紙で
腕輪で変身バンド
通常のおりがみを4枚はり合わせたり、大きめの色画用紙を使って、作ってみましょう。腕にはめて、変身!!

へんしん！

71

遊べるおりがみ③ 腕時計を折って遊ぼう!!

腕時計を着けると、ちょっと大人になった気分。自分の腕時計を作ってじまんしちゃおう!

★ちゃれんじチャレンジ

1. たてとよこにおりすじをつける
2. まんなかまでおっておりすじをつける
3. おりすじでななめにおる
4. ななめにおる
5. おりすじでおる
6. うらがえす
7. まんなかまでおる
8. かどをまんなかのせんにあわせる
9. うらがえす
10. まんなかまでおってうしろのかみをだす
11. まんなかまでおる
12. うらがえす

できあがり

腕時計で遊ぼう!!

輪ゴムなどを付けて、腕に巻いて、ごっこ遊びを楽しみましょう!

腕に巻いたら…
大人の気分&変身ごっこにも!

通常の腕時計も特別気分。変身の合い言葉で、ヒーローに変身!! ヒーローに合わせて色を変えても楽しいですね。

3じでーす

72

遊べるおりがみ④ バッグを折って遊ぼう!!

バッグを持って、ちょっとお出かけ！ 何を入れようかな？ たくさん作ってお店屋さんごっこもいいね。

ふつう

1 たてとよこにおりすじをつける

2 したのかどをまんなかまでおる

3 まんなかでおる

4 うえをおる

5 りょうほうのかどをうえへおる

6 さんかくをなかへいれる

7 りょうほうのかどにおりすじをつける

8 なかわりおりをする

9 したへおる

できあがり

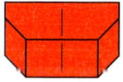

バッグで遊ぼう!!

入れ物は、少しの工夫で楽しい遊びに広がります。

いってきまーす♪

リボンを付けて わくわくおでかけ！

大きめの紙で折って、両端にリボンを付けて、お出かけバッグにしてごっこ遊びに最適!! 腰バンドを付けて、ウエストポーチにも!!

73

遊べるおりがみ⑤ スマートフォンを折って遊ぼう！！

タッチパネルのスマートフォン。子どもたちにも大人気！　電話をかける？　写真を撮る？　遊びが広がるね。

☆ ふつう

① たてに はんぶんにおる

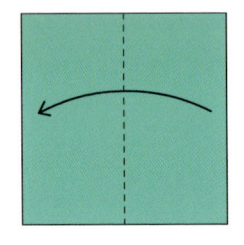

② はんぶんにおって おりすじをつける

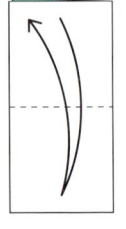

③ たてに おりすじをつける

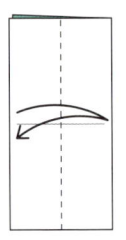

④ ほそながくおって おりすじをつける

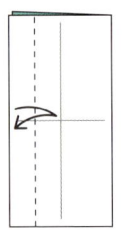

⑤ まえとうしろへ さらにほそくおる

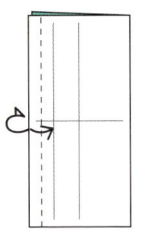

⑥ いちまいだけ はんぶんにおる

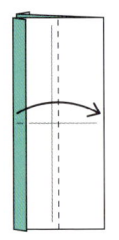

⑦ うらがえす

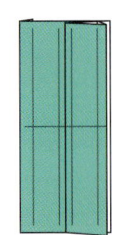

⑧ ほそいかみを うえへだす

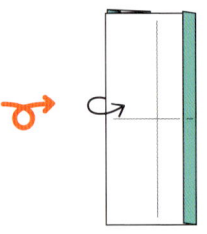

⑨ まんなかまでおって おりすじをつける

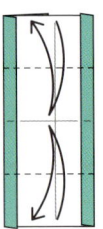

⑩ おりすじまで おる

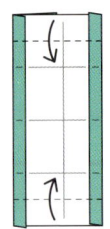

⑪ かどを うしろに おる

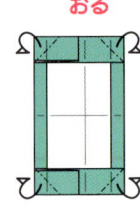

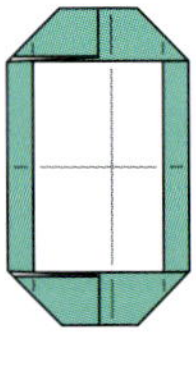

できあがり

スマートフォンで遊ぼう！！

子どもにとっても、もう身近な存在のスマートフォン。たくさんお話しましょう。

絵を描いて だれにお電話？

「もしもし、○○です」友達や大好きな人に、電話をかけて遊びましょう。お話が楽しくなりますね。

遊べるおりがみ⑥ パソコンを折って遊ぼう!!

キーボードをカチカチ。お父さん、お母さん、先生のお仕事もまねしてみたい！ 子どもたちの遊び心が膨らむよ。

ふつう

ふた

1 たてとよこにおりすじをつける

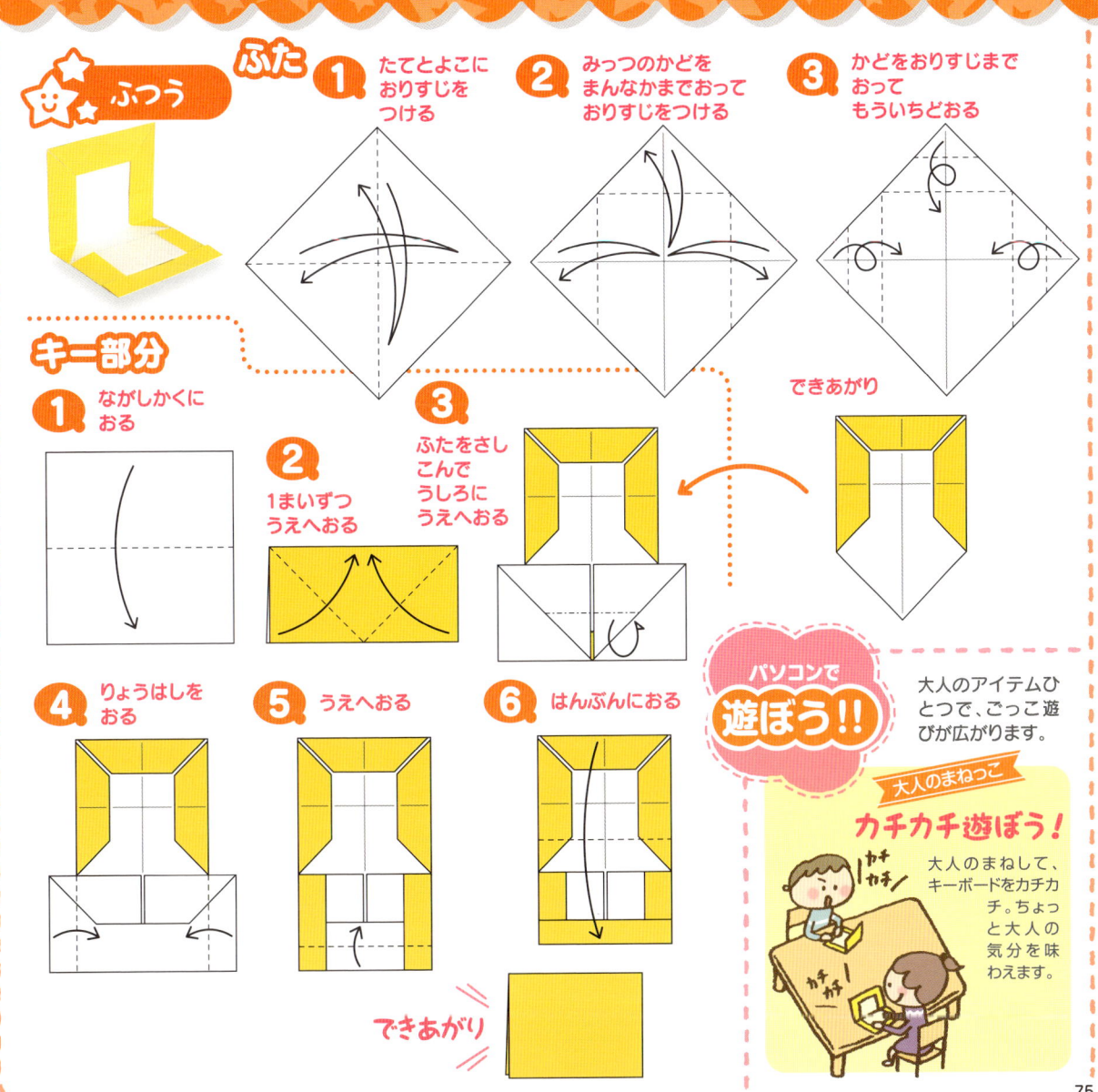

2 みっつのかどをまんなかまでおっておりすじをつける

3 かどをおりすじまでおってもういちどおる

できあがり

キー部分

1 ながしかくにおる

2 1まいずつうえへおる

3 ふたをさしこんでうしろにうえへおる

4 りょうはしをおる

5 うえへおる

6 はんぶんにおる

できあがり

パソコンで遊ぼう!!

大人のアイテムひとつで、ごっこ遊びが広がります。

大人のまねっこ カチカチ遊ぼう！

大人のまねして、キーボードをカチカチ。ちょっと大人の気分を味わえます。

遊べるおりがみ⑦ おすもうさんを折って遊ぼう!!

昔ながらのおすもうさん。今も子どもたちは大盛り上がり！ 今度はだれと勝負しようかな？

★ ふつう

① たてとよこにおりすじをつける

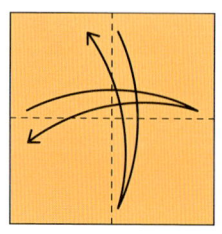

② まんなかまでおる

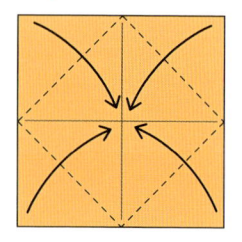

③ うらがえす

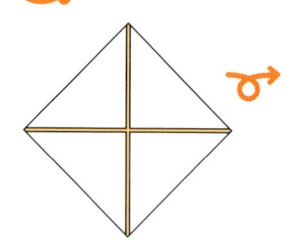

④ まんなかまでおる

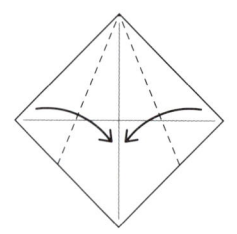

⑤ うらがえす

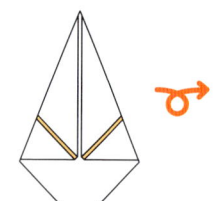

⑥ うえをひらきしたをおる

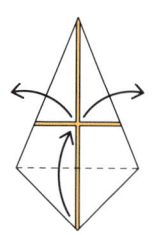

⑦ うらがえす

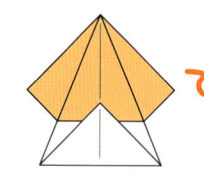

⑧ はんぶんにおる

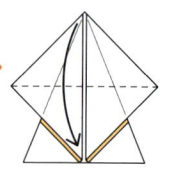

⑨ うえにおる

⑩ はんぶんにおる

⑪ かぶせおりをする

\できあがり／

おすもうさんで遊ぼう!!

昔ながらのおすもうさん。たくさん遊んでみましょう。

土俵を作って 友達とのこったのこった！

空き箱でかんたんに土俵を作って、おすもうさんを乗せて、トントンたたきましょう。先に土俵の外に出たり、倒れたりしたほうが負け。だれが強いかな？

使って便利！**壁面 & シアター 型紙** (P80)

本文の壁面例の写真は、88cm×126cmの壁面スペースに15cm×15cmのおりがみを使ったときの例です。型紙は1000%（=250%×400%）に拡大すると写真のように見えます。

P8 チューリップ 壁面
たくさん咲いたよ！うれしいね！

P16 こいのぼり 壁面
元気いっぱい！大空を泳ぐよ！

雲

草
※さらに200%拡大します。

草
※さらに200%拡大します。

P12 イチゴ 壁面
ワクワクイチゴ狩り

P20 かぶと 壁面
大きなライオンさんにはかぶとがいっぱい！

山

77

使って便利！ **壁面 & シアター 型紙**

本文の壁面例の写真は、88cm×126cmの壁面スペースに15cm×15cmのおりがみを使ったときの例です。型紙は1000%（=250%×400%）に拡大すると写真のように見えます。

P24 アジサイ 壁面
みんなのアジサイ、きれいに咲いたね！

P28 カタツムリ 壁面
カタツムリの大行進！

P32 おりひめ・ひこぼし 壁面
キラキラ七夕

葉　花　※さらに200%拡大します。　波　波

P36 ふね 壁面
ふねでGO！　大冒険の始まりだ！

P44 キノコ 壁面
わくわくキノコ狩り！

木・草　※さらに200%拡大します。

P40 さかな 壁面
いっしょに泳ごう！　さかなトンネル

使って便利！ 壁面 & シアター 型紙

P48 ドングリ 壁面
ドングリさんの音楽会

草 ※さらに200%拡大します。

P52 落ち葉 壁面
ヒラヒラ秋色落ち葉シャワー

木 ※さらに200%拡大します。

P56 サンタクロース 壁面
ぼくの、わたしの家にも来てね！サンタさん！

P60 たこ 壁面
連だこ、元気よく揚がれ！

雲

草

草　草

P64 オニ 壁面
元気いっぱい！みんなで縄跳び

P68 ひなまつり 壁面
みんなでにっこりひなまつり

79

使って便利！ 壁面 & シアター 型紙

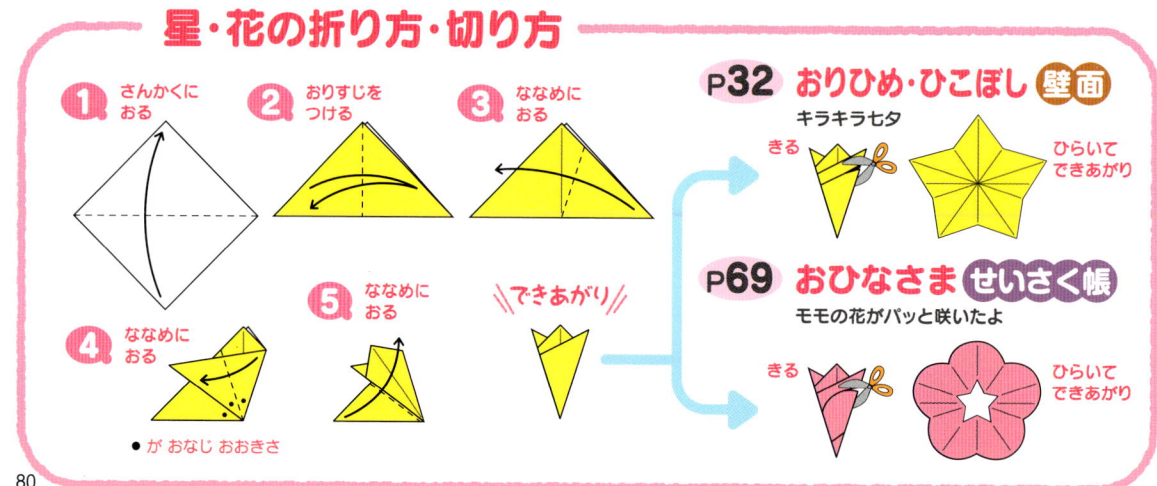

シアターに使う制作物の型紙です。
400%拡大するとちょうどよい大きさになります。

P8 チューリップ シアター
チューリップきれいだね！
葉

P20 かぶと シアター
色クイズ 強い子かぶと

P24 アジサイ シアター
アジサイかくれんぼ

※さらに200%拡大します。

P16 こいのぼり シアター
屋根より高いこいのぼり

風車
支柱
家の屋根
窓

P32 おりひめ・ひこぼし シアター
七夕のお話

カササギ

P52 落ち葉 シアター
落ち葉のかくれんぼクイズ

※さらに200%拡大します。

P60 たこ シアター
からまっちゃったたこの糸はどれ？

星・花の折り方・切り方

① さんかくにおる
② おりすじをつける
③ ななめにおる
④ ななめにおる
　● が おなじ おおきさ
⑤ ななめにおる
できあがり

P32 おりひめ・ひこぼし 壁面
キラキラ七夕
きる　ひらいてできあがり

P69 おひなさま せいさく帳
モモの花がパッと咲いたよ
きる　ひらいてできあがり